BUCH&media

Rudolf, freischaffender Journalist in den Sparten Sport und Kultur, ist 65; seine Freundin, die sehr temperamentvolle italienische Exsopranistin Violetta, deutlich jünger. Und genau das ist das Problem. Denn immer häufiger wird Rudolf schmerzlich bewusst, dass er sich mitten in einem fortgeschrittenen Alterungsprozess befindet. Doch er will sich dem biologischen Diktat keineswegs kampflos ergeben. Im sicher wähnenden Schutz eines Blind Dates versucht er heldenhaft, sich seiner Potenz zu versichern – und scheitert grandios. Damit nicht genug heften sich ihm Konfliktsituationen im häuslichen und weiteren Umfeld immer mehr auf die Fersen. Doch Rudolf weiß sich den Misslichkeiten der letzten Lebensetappe geschickt zu entziehen – mit Selbstironie und seinem unverwechselbaren Humor, der ihm in jeder Situation zu heiterer Gelassenheit verhilft.

Mit »Näher dran« ist Wolfgang Melzer ein Mut machendes Buch über den »Herbst des Lebens« gelungen.

WOLFGANG MELZER, geboren in Bremen, Studium der Chemie, freiberufliche Tätigkeit als Leiter eines chemischen Laboratoriums in Bremen. Seit 1964 Paralleltätigkeiten im Bereich Malerei, Essay und Lyrik.

Publikationen: 2005 Lyrikband *Übergänge*, 2007 Lyrikband *Restlichtzone*, 2007 Roman *Der Erfinder*, 2008 Roman *Wenn Maulwürfe mit den Köpfen zusammenstoßen*.

Wolfgang Melzer

Näher dran

Roman

BUCH&media

Weitere Informationen über den Verlag und sein Programm unter
www.buchmedia.de

Bibliografische Information der Deutschen Nationalbibliothek
Die Deutsche Nationalbibliothek verzeichnet diese Publikation
in der Deutschen Nationalbibliografie; detaillierte bibliografische Daten
sind im Internet über http://dnb.d-nb.de abrufbar.

März 2009

Umschlaggestaltung: Kay Fretwurst, Freienbrink
Herstellung: Books on Demand GmbH, Norderstedt
Printed in Germany · ISBN 978-3-86520-351-9

Für alle, die auf diesen mäandernden Lebensphasen
an meiner Seite gewesen sind.

I

Mit achtzehn verschwendete ich keinen Gedanken an die Zukunft und schon gar nicht an die Zeit danach. Doch heute mit fünfundsechzig ist man näher dran. Näher dran an den Auswirkungen eines Burnout-Syndroms. Näher dran am Beamten-Nirwana: Rentenalter. Wofür hat man schließlich seit zwei Jahren Strichlisten über die verbleibende Arbeitszeit geführt? Näher dran an den Folgen der Exzesse, Genüsse, Triumphe und Niederlagen. Näher dran – eine Weichenstellung, die sich auf eine mit Funktionsstörungen der inneren Organe und der Sinnesorgane, Lähmungen des Stütz- und Bewegungsapparates, Störungen des zentralen Nervensystems, endogene Psychosen, Neurosen und eine durch Verlust der Potenz ausgewiesene Lebensphase richtet. Eine Lebensphase, euphemistisch von der Organisation der *Grauen Panther* und sarkastisch von der Rentenversicherung als der *Herbst des Lebens* definiert.

Auf welche Formen des Lebenskampfes hatte man sich jetzt einzustellen? Hätte man sich beizeiten mit dem, was nun kommt, befasst, so hätte man auch schon einen Katalog über sublime Formen des Freitodes erarbeiten können. Doch wer hatte in den Stürmen des vorbeirauschenden Lebens schon diese nebulöse Ära im Auge? Dafür kann man mir jetzt wenigstens keine Feigheit mehr vor dem Alter vorwerfen – schließlich bin ich nicht mit Goethes Werther verwandt.

Nachdem sich die Vergnügungen der mittleren Jahre in ein schwarzes Loch verabschiedet haben, steht die Erwartung im Raum, »in Würde zu altern«. Was für eine Dumpfbackenforderung. In Würde zu altern, gestützt auf den Einkaufsrollwagen – als Würdenträger des Alters nach der Entmündigung im Seniorenheim, das man freiwillig und nicht via Zwangseinweisung aufgesucht hat. In Würde zu altern – da wird unterstellt, alles sei noch im Lot. Einfach lachhaft, wenn man sich aufs Hemd sabbert und die alles verzeihende Welterlösermiene aufsetzen muss, um zu signalisieren: Kann ja schließlich jedem passieren.

An der Stelle sei die Frage gestattet: Gehört Inkontinenz zur Würde des Menschen? Bestimmt, sagen viele. Und ich sage, das kann man gut sagen, wenn man kein Auslaufmodell ist.

Doch noch war es nicht so weit: Ich saß auf der Terrasse meines Einfamilienhauses und beobachtete, wie mein Hund, ein felsgrauer Cairn-Terrier, Mäuse jagte.

Nach zwei ehelichen Zerwürfnissen teilte ich jetzt Bett und Brot mit Violetta, einer inzwischen durch eine Stimmbandentzündung heiser gewordenen italienischen Exsopranistin in der Mittelblüte ihrer Jahre (ihr genaues Alter hat sie mir bis heute noch nicht verraten), und der dreizehnjährigen Tochter Mariella aus gleichfalls gescheiterter Ehe mit einem deutschen Großhandelskaufmann.

Der Hund Sultan war auf seiner Mäusejagd offenbar fündig geworden. Seit geraumer Zeit verharrte er regungslos vor einer Hainbuchenhecke und verriet, wie mir das Zittern seiner Schwanzspitze signalisierte, höchste Jagdbereitschaft. Ich überlegte, ob es sich bei diesem Tier eventuell um eine Kreuzung zwischen Hund und Katze handelte. Eine gewisse Ähnlichkeit war vorhanden.

Violetta (bei guter Stimmung nenne ich sie Vio) erschien mit einer Flasche Mineralwasser in der Hand und monierte, dass die erst vor zehn Minuten geöffnete Flasche Weißwein schon zur Hälfte geleert worden sei.

»Es ist ein heißer Tag«, gab ich zu bedenken.

»Du musst mehr trinken«, schimpfte sie, »mindestens zwei Liter Wasser pro Tag.«

Meinen Einwand, dass Wein doch als Synonym für goldenes Wasser stünde, ließ sie nicht gelten.

Inzwischen war Sultans Beharrlichkeit belohnt worden. Humorlos schüttelte er die Maus zu Tode, ließ sie fallen und schaute mich lobheischend an. Ich sagte nichts, weil ich diesem Tier zu seiner Artverwandlung nicht auch noch gratulieren wollte. Katzen gehen hier allerdings wohl etwas anders vor. Sie spielen ihre Opfer zu Tode.

Mariella betrat die Terrasse, ihr hochroter Kopf ließ mich eine gefährliche Gemütsaufwallung befürchten.

»Scheiße«, sagte sie, »alles Betrug.« »«

»Was meinst du?«, fragte ich zurück.

»Ich werde die Gauner verklagen«, erregte sich die Dreizehnjährige. »Die neuen Lackschuhe, die ich in der Stadt gekauft habe, stinken nach was weiß ich. Und was noch schlimmer ist – die Vitaminsonnenmilch mit Lichtschutzfaktor 20. Soll wasserfest sein. Steht auf der Packung drauf. Ist sie aber nicht! Nach der ersten Schwimmrunde im Freibad war von dem Zeug nichts mehr auf der Haut. Und jetzt habe ich einen Sonnenbrand.«

Ich fürchtete die Prozesskosten und beschwichtigte den Teenager mit Durchhalteparolen.

»Lass mich das mal machen. Ich werde mit dem Hersteller der Sonnenmilch reden. Und die Schuhe gibst du auf der Stelle zurück. Die stinken nach Lösungsmitteln. Die haben sie in Bangladesh oder in einem anderen Drittland wahrscheinlich für zehn Cent zusammengeklebt.«

Gerade wollte ich mich über die im Zuge der Globalisierung stattfindende Ausbeutung minderbemittelter Länder echauffieren, da klingelte das Telefon und ein wohlgesonnener Nachbar lud Violetta und mich für den frühen Abend zum Grillen ein. Ich sagte selbstverständlich sofort zu und freute mich auf gutes Essen und ein paar anregende Schlückchen Wein.

Wenig später klingelten wir bei den Nachbarn mit einer Flasche Rotwein als Mitbringsel. Mit von der Partie waren der Zahnarzt Dr. Ebert und seine Frau, ein seit Kurzem hinzugezogener Kriminalkommissar in weiblicher Begleitung sowie der Anlageberater Städtler, der mich bereits nach kurzer Kennenlernphase für einen Plausch über meine finanziellen Verhältnisse vereinnahmen wollte. Darüber hinaus natürlich die Gastgeber, der kurz vor der Pensionierung stehende Chemiker und Leiter des Landesuntersuchungsamtes Dr. Hillebrecht und seine Ehefrau. Ein menschliches Zusammentreffen von – wie sich herausstellen sollte – nicht zu unterschätzender Strahlkraft.

Ich nahm dankend den angebotenen Prosecco entgegen, konnte mich aber schlecht beherrschen und trank ihn mit einem Zuge aus, was mir einen vernichtenden Blick von Violetta eintrug.

Das Grillfleisch war vorzüglich. Kleine marinierte Lammfilets,

Schnitzel, Frikadellen und Würstchen. Als gewohnheitsmäßiger Grünzeugverachter verzichtete ich auf die selbst verfertigten Salate, womit ich bedauerlicherweise der Hausfrau das erwünschte Kreativlob entzog. Das holten dann die Damen in ausreichendem Maße nach. Allmählich stellte sich ein dumpfes Sättigungsgefühl ein, das Fragen über Auswirkungen auf meine Figur großzügig überdeckte.

Der Hausherr brachte gediegenes chemisches Fachwissen ein und lobte seinen Gasgrill.

» Seitdem wir den haben, gibt es keine kanzerogenen Pyrolyseprodukte mehr auf dem Fleisch beim Grillen.«

Schön, dass das auch mal angesprochen wurde. So konnte man davon ausgehen, den Abend im Hause Hillebrecht abgesehen von den Folgen zügelloser Weininfiltration in weitgehend körperlicher Unversehrtheit zu überstehen.

Das schien insbesondere den Kriminalkommissar zu erfreuen, der gerade in einem Fall von Gammelfleisch ermittelte.

»Wenn man das alles liest, wie auf dem Sektor Lebensmittel manipuliert und getrickst wird, dann möchte man wirklich nur noch ökologischen Landbau betreiben. Raus aus der Amtsstube in die grünen Kathedralen der Wälder. Aber unsereiner ist ja schon mit fünfundvierzig Jahren abgeschrieben und zum Schreibtischjäger verdammt – bis in die späten Abendstunden. Außendienst – das ist nur noch was für die ganz Jungen.«

Ich fragte mich im Stillen, ob es mir auf der anderen Seite etwas Freude bereiten könnte, Leichen aufzuspüren und zu identifizieren, oder Schusswechsel mit flüchtigen Verbrechern auszuüben, legte mich dann aber schnell auf den Innendienst fest.

Der Zahnarzt Dr. Ebert wurde vom Hausherrn ermuntert, doch einmal einen kurzen Blick auf sein Gebiss zu werfen, da es beim Zähneputzen doch fallweise zu starken Blutungen komme. Der Zahnarzt genierte sich zunächst etwas und verwies auf seine Praxis. Dann aber riskierte er einen kurzen, entschlossenen Blick über den Brillenrand und fuhr mit betretener Gebärde zurück.

»Zahnstein wie Gebirge und Zahntaschen, in die Sie ein Pfund Äpfel reinpacken können! Wenn Sie nicht aufpassen, bleibt Ihnen die Hälfte der Zähne im nächsten Schnitzel stecken.«

Vielleicht hätte Dr. Ebert dem Gastgeber doch besser ein gutes Wort gegeben, denn nach dieser Information ließ er sich in der nächsten Zeit nur noch am Salatbüfett sehen.

Den Platzwechsel des Hausherrn hatte der Anlageberater, Herr Städtler, genutzt, um mir seine Aufwartung zu machen.

»Was sind Sie von Beruf, wenn ich fragen darf?«

»Freier Journalist. Schwerpunkt Sport und Kultur«, antwortete ich wahrheitsgemäß.

Sofort wollte der Mann von mir wissen, wie ich als Sportjournalist zur Einkaufspolitik des FC Bayern München stehe.

»Purer Aktionismus«, sagte ich und sah, wie sein Gesicht kurzzeitig einfror. »Die haben schon immer nur Namen eingekauft, ohne ein Gespür für die richtige Mischung in der Mannschaft zu haben. Bei den nationalen Beutezügen ging es doch in erster Linie nur darum, die Konkurrenz zu schwächen. Ansonsten gilt, was der Fernsehkollege in der ARD schon einmal gesagt hat: Bayerns Scouting-System heißt: am Wochenende Sportschau gucken. Aber für die Bundesliga reicht es ja, wie man leider wieder einmal erleben durfte.«

Angesichts der fast alljährlichen bajuwarischen Weißbierexzesse zum wiederholten DFB-Pokalgewinn hätte ich es als schöne Abwechslung gefunden, wenn zum Beispiel dem Ostfriesenstolz Kickers Emden einmal der große Wurf gelungen wäre und die Spieler nach Bayernmanier sich und ihren Offiziellen Maßkrüge mit regionaltypischer Gülle über dem Kopf ausgekübelt hätten. Die Vorstellung einer entsprechenden Meisterschaftssause des Fußballclubs aus Speyer gleitet dann allerdings ins Unappetitliche ab. Da haben es die Herthaner aus Berlin schon besser: Die würden wahrscheinlich mit Buletten werfen. Aber was soll's? Das sind junge Leute, die ihren Spaß haben wollen. Wir Best-Ager nicken das mit Wohlwollen ab.

Die Offensive des Finanzdienstleisters ging weiter.

»Fürs Alter schon vorgesorgt, oder brauchen Sie professionelle Beratung?«

Ich antwortete nicht auf diese Frage, aber Städtler war nicht zu beirren.

»Wenn Sie ein bisschen Kleingeld« (er verstieg sich in ein sinnentleertes Lachen) »übrig haben, dann sag ich Ihnen was. Die Asienfonds laufen wie geschmiert. China kommt, da können Sie Gift drauf nehmen. Schiffsbeteiligungen, da können Sie gar nichts falsch machen. Hier, meine Karte. Rufen Sie mich unbedingt an.«

Er füllte unaufgefordert mein Glas mit Weißwein und prostete mir zu.

»Auf gute Zusammenarbeit!«

Ich nickte beklommen. Leider sind es häufig diese schlichten Gemüter in ihrer permanenten »Gut-drauf-Stimmung«, die mir gehörig auf die Nerven fallen. Es fehlte nur noch das vertrauensvolle Zur-Seite-Nehmen, um sich mit der Erzählung eines besonders schwanzlastigen Witzes einen »guten« Abgang zu verschaffen.

Inzwischen schwatzten die Dame des Hauses und Frau Eilert auf Violetta ein. Sie könne doch diesem Abend ein unauslöschliches Gepräge verleihen, wenn sie, Violetta, als ehemalige Sopranistin der ersten Opernhäuser Europas sich bereit erklärte, eine Arie aus ihrem reichhaltigen Repertoire vorzutragen. Das Wunschdenken der Kunstbeflissenen ging da weite Wege: Vom *Ave Maria* bis zum *Ach wie so trügerisch* aus Rigoletto war den Damen alles recht. Ein Grillabend mit dem Flair der Mailänder Scala oder der Arena Veronas, damit hätte man der Familie Hillebrecht den Einzug in die Musikfront dieser Stadt auf lange Zeit gesichert.

Doch Violettas zarter Hinweis auf den ihren Kehlkopf schützenden Seidenschal – eine langwierige Erkrankung, die bei ihr zur Berufsunfähigkeit geführt hatte – vermochte schließlich das Dürsten der Gastgeber nach Darbietungen gehobener Tonkunst zu besänftigen.

Inzwischen hatte auch der Kommissar das Trauma seiner Amtsstuben-Klaustrophobie überwunden und schwebte bier- und schnapsbeflügelt neuen Lebensentwürfen entgegen. Eines habe er gelernt aus dieser täglich wechselnden kriminellen Gemengelage: Unerschrockenheit, sie sei eine der Grundvoraussetzungen, um den Kampf zu bestehen, für den er von Haus aus gar nicht gemacht sei. Da draußen habe er vor Ort Lehrgeld bezahlen müssen, das sich jetzt im Rückblick der Jahre auszahle. Inzwischen habe er das Wort Furcht aus seinem Sprachschatz getilgt. Zugegebenermaßen (der aufgewühlte Mann bat mit einer resignierenden Geste um allumfassendes Verständnis) sei er geradezu ein Alphatier auf dem Feld der Talentlosigkeit. Aber damit käme er heute bestens zurecht, da er die Angst vor Blamagen und Bloßstellungen inzwischen besiegt hätte.

»Fragen Sie mal meinen letzten Vorgesetzten. Der könnte Ihnen viel erzählen. Wie die meisten seiner Vorgänger im vorzeitigen Ruhestand. Angeblich Mobbing.«

Nach derart aufklärerischen Worten verlangte das flatternde Nervenkostüm nach gründlicher Sedierung. Eine von Hillebrecht flugs geöffnete Champagnerflasche verhieß prickelnde Gaumenfreuden, jedenfalls stand binnen Kurzem bereits der Verlust der Bodenhaftung an. Kurz darauf mussten sowohl Violetta als auch der Gastgeber mich unterhaken, um mir einen gefahrenlosen Heimweg zu ermöglichen.

Ich versuchte noch, eine Einschätzung des abendlichen Funfaktors vorzunehmen, musste aber feststellen, dass meine Ausführungen offensichtlich nicht gefragt waren.

»Ein peinlicher Auftritt war das von dir«, giftete mich die Lebensgefährtin an. »In deinem Alter sollte man sich beherrschen können.«

Wieso denn das? Das hätte ich doch gern gewusst.

Ich ließ mich zu Hause in meinen Fernsehsessel fallen und schloss erst einmal die Augen. Ich hatte sie wohl relativ lange geschlossen gehalten, denn als ich aufwachte, war es stockdunkel und zwei Uhr nachts.

2

Am nächsten Tag wurde ich im Verlagsgebäude meiner Zeitung erwartet. Die Kulturredaktion hatte mich angefordert.

»Wir haben da etwas für Sie, sagte der Redakteur. Eine Vernissage. Morgen um zwanzig Uhr in der Galerie Mahlmann. Der Künstler hat einiges zu bieten.«

Hierzu überreichte er mir einen Flyer, der auf beachtliche Ausstellungserfolge in Budapest, Wien, Berlin, Hamburg und Köln verwies. Es handelte sich um einen jungen Ungarn. Stilrichtung gegenstandslose Malerei. Eine Farbdokumentation ließ erahnen, dass der Künstler das abstrahierende Element gegenüber jeglichem realistischen Anklang favorisierte.

»Wir benötigen Ihren Beitrag für die Wochenendausgabe«, gab man mir auf den Weg.

Ich verließ die Redaktion und setzte mich unter den Sonnenschirm eines gerade frei gewordenen Tisches in der Nähe des Marktplatzes. Am Nebentisch saßen zwei nicht mehr ganz junge und auch nicht mehr ganz schlanke Damen, die gerade von der Bedienung mit dem obligatorischen Gebäck und Kaffee versorgt wurden. Da die Damen darüber hinaus offenbar auch nicht mehr in der Lage waren, ihre Konversation in gedämpftem Ton zu führen, wurde ich unfreiwillig zu einer Art Lauschaktion verdammt.

»Der Kaffee war auch schon mal besser hier«, sagte die eine.

»Und nicht so teuer«, ergänzte die andere.

Da war man ja wenigstens schon einmal vorgewarnt. Meine Ängste sollten aber noch geschürt werden.

»Wir als Endverbraucher sind doch sowieso die Dummen«, holte die eine zum großen Rundumschlag aus. »In den Bohnen stecken doch diese neuen Gifte drin.«

»Gifte?«, fragte die Zweite.

»Gifte!«, bestätigte die Erste. »Steht doch hier in meiner Apothekenzeitschrift. Wie heißen die doch noch? Ah, hier ist es ja. Acrylamid und Ochratoxin«, triumphierte sie.

Ich erbleichte und buchte meine angedachte Getränkebestellung auf Pfefferminztee um. Immerhin schien die Dame über ein fundamentales chemisches Wissen zu verfügen. So ganz wollte ich allerdings auf meine persönliche Giftration an diesem Tage nicht verzichten und bestellte beim Kellner noch ein Glas Chianti Classico. Die Sinnesfreuden in dieser Altersphase entwickelten sich ohnehin eher rückläufig. Da durfte zumindest am Wein nicht gespart werden.

Jetzt nur nicht sentimental werden, dachte ich, und vielleicht noch von Schmetterlingen im Bauch träumen. Was den Bauch betraf, hatte man mit der die landläufigen Diätpäpste konterkarierenden Wohlstandsküche schon genug zu tun. Vielfältige Formen von Blähungen und Sodbrennen begleiteten den Tagesablauf. Den Säften und Fermenten im Verdauungstrakt war in den letzten Jahrzehnten Schwerstarbeit verordnet worden. Aber waren sie eigentlich schon vorbei, die Zeiten exzessiver und ausschweifender Lebensweise? War man seiner Natur nicht doch etwas schuldig geblieben? Oder sollte man von Stund an seiner Prostata erhöhte Aufmerksamkeit schenken?

Ich nahm noch einmal den Flyer zur Hand. Istvan Bartholdi, geboren in Debrecen. Seit wann kommen die großen Maler aus der Puszta? Immerhin – seine Kunst hatte mich in den nächsten Tagen zu beschäftigen. Ein paar Stillleben vom Plattensee wären mir lieber gewesen. Schneller Verriss und Schwamm drüber. Aber morgen hieß es, die verschlossenen Geheimtüren des Herrn Bartholdi aufzustoßen und nach einem tieferen Sinn zu suchen, der sich dem Künstler selbst häufig genug nur durch kunstsinnige Kritiker und Schulterklopfer erschloss. Aber die Kunst will immer wieder neu entdeckt und mit anderen Augen gesehen werden.

Ich blickte mich um und bemerkte zwei Schachspieler, die sich an einem anderen Tisch niedergelassen hatten. Die schwarzen und weißen Figuren waren bereits in Position gebracht worden. Ich setzte ein gelangweiltes Gesicht auf, vergleichbar dem Pokerface eines Großmeisters. Diesem Spiel brachte ich schon seit vielen Jahren eine hohe Wertschätzung entgegen. Von einem Onkel, der in Sachen Schach mal ein Großer war, hatte ich einige Eröffnungen gelernt. Gelegentlich spielte ich auch gegen meinen mit der Stimme von Kishon ausgestatteten Schachcomputer, da es in meinem häuslichen Umfeld keine interessierten Gegner gab. Allerdings nur auf der niedrigsten Stufe. Einmal hatte ich den Computer übertölpelt, als ich in einem nicht regelkonformen Blitzzug seine Dame gegen einen Bauern tauschte. Nach minutenlangem Suchen und Protesten spielte er aber weiter, und ich schaffte noch ein Remis. Zum Glück gab es einige klassische Varianten von Bobby Fisher, die ich schon so oft nachgespielt hatte, dass sie in meinem Gedächtnis verankert waren.

Während meine Tischnachbarinnen sich inzwischen ungeachtet der toxikologischen Bedrohungen auf dem Lebensmittelsektor eine Art Tortenschlacht lieferten, ging es beim Schachspiel der beiden Herren kaum weniger bewegt zu. Schon kurz nach der *spanischen Eröffnung* hatte es zahllose Figurenopfer gegeben. Der schwarze Figurenführer bevorzugte augenscheinlich die sogenannte *Königsindische Verteidigung.* Soweit ich es aus meinem verstohlenen Blickwinkel beobachten konnte, machte er das nicht ungeschickt. Die weiße Stellung war nur noch als jenseits von Gut und Böse zu charakterisieren. Die Opferbereitschaft des Kontrahenten hatte die erwünschte Fallenwirkung weit verfehlt, und so war das quasi suizidale Umwerfen des weißen Königs durch den Führer der weißen Figuren die logische Folge. Ich nickte beifällig dem Sieger zu und ließ Schachverstand aufblitzen.

»Gut aufgemerkt beim Großmeister Botwinnik«, gab ich zum Besten.

Der Gewinner lächelte. »Wollen Sie eine Partie spielen?«

Die Blamage wollte ich mir ersparen.

»Sehr gern, aber heute passt es nicht. Ich spiele in zwei Stunden simultan gegen vierundzwanzig Vertreter aus den hiesigen Schachclubs.«

Auch eine Frage des Selbstbewusstseins. Den Begriff des Selbstbewusstseins hatte ich gerade auf der letzten Tagung der Sportpsychologen in Hannover mit einem Herrn Doktor Altner diskutiert. (Selbstbewusstsein ist ein Phänomen, das es mir erlaubt, strukturell zu mir selbst Stellung zu beziehen, hatte Altner vollmundig getönt.)

Ich versuchte, mich dieser Auffassung zu nähern, musste aber vorläufig die Antwort schuldig bleiben, da meine menschliche und berufliche Identität sich mir selbst entfremdet hatte. Das fortschreitende Alter hatte eben neue Rahmenbedingungen geschaffen. Nicht auszuschließen, dass gewisse Synapsen der für die Selbsteinschätzung zuständigen Hirnhälfte blockiert waren. Man weiß es nicht. Von der Hirnforschung kommt ja kein aufklärendes Wort. Natürlich könnte man auch alles auf den sinkenden Testosteronspiegel abwälzen. Nur: So einfach muss man es der Schulmedizin ja auch nicht immer machen.

Die ersten Sequenzen aus *Freude, schöner Götterfunke* – das war mein Mobiltelefon. Violetta erinnerte mich daran, dass heute Abend der Rektor der hiesigen Kunstakademie, Herr Professor Nordmann, und seine Gattin bei uns zu Gast seien.

»Bringe bitte noch etwas Parmaschinken, Rohmilchkäse, ein Töpfchen Feigensenf und für Mariella zwei Flaschen Cola mit!«

Es ist immer gut zu wissen, dass man eine zuverlässige Lebenspartnerin hat. Unsere Einladung an das Ehepaar Nordmann war mir doch glatt entfallen.

Ich erledigte die Einkäufe und machte mich auf den Heimweg. Der Abend mit den Nordmanns könnte amüsant werden. Er war ein kluger Kopf und gewiefter Kenner der Kunstszene. Seine Frau betrieb eine eigene kleine Galerie und war somit gleichfalls in diesem Milieu zu Hause. Darüber hinaus war Nordmann einem guten Tropfen keineswegs abgeneigt und hatte sich bei einigen Renkontres auch als hartnäckiger Grappatrinker erwiesen. Aus diesem Grund sah Violetta dem Abend mit gemischten Gefühlen entgegen.

Pünktlich um zwanzig Uhr schellte es, und die Nordmanns polterten in unser Heim. Ein Rotweingebinde für den Hausherrn sowie ein Blumenstrauß für die Gastgeberin – die Insignien der gegenseitigen Wertschätzung durften natürlich nicht fehlen.

Der von mir kredenzte Weißwein mit dem nicht alltäglichen Namen *Vom Muscheligen Kalk* löste bei Nordmann geradezu die Zunge.

»Hervorragender Tropfen und wunderbar ausbalanciert. Und dann dieser Abgang. Aah!«

In sehr kurzen Abständen durfte ich sein Glas nachfüllen, begleitet von einem etwas sorgenerfüllten Blick der Gattin.

Mariella, die anfangs der Runde noch angehörte und die sich an Schinken und Käse reichlich gütlich getan hatte, war in inzwischen in ihr Zimmer gegangen, um sich die Zeit mit einem Computerspiel zu vertreiben.

Gerade stopfte sich Nordmann wieder eine große Scheibe Parmaschinken in den Mund, spülte dieselbe mit einem üppigen Schluck Weißwein herunter, als er mir die Frage stellte:

»Sie sind doch morgen Abend auf der Vernissage von diesem Bartholdi?«

Ich nickte.

»Kommen Sie im Auftrag und auf Rechnung der Galerie?«

»Nein«, antwortete ich, »meine Redaktion schickt mich.«

»Wissen Sie, sagte Nordmann, die Idee von der Neutralität eines Kritikers halte ich für eine reine Fiktion. Oft werden Kritiker ja tatsächlich von den Galerien bezahlt. Allerdings ist es auch nicht unbedingt eine Ideallösung, wenn jemand bei einer Zeitungsredaktion angestellt ist: Ohne Interessenkonflikte läuft das ja auch nicht ab.«

»Ich bin nicht fest angestellt«, konterte ich sogleich. »Ich fühle mich als freier Journalist.«

»Aber letztlich muss sich der Kritiker doch der Politik der Zeitung beugen, nicht wahr? Die Zeit, wo ein George Bernard Shaw die Kritiker als blutrünstige Leute bezeichnen konnte, die es nicht bis zum Henker gebracht haben, ist doch längst vorbei«, lachte Nordmann dröhnend.

»Meine Zeitung legt Wert auf die Unabhängigkeit der Redaktion«, stellte ich fest. »Diese beruht in besonderem Maße auf der wirtschaftlichen Unabhängigkeit der Zeitung. Man hat schließlich die Wahl zwischen Parteibuch- oder Scheckbuch-Journalismus. Bei meiner Arbeit folge ich ausschließlich ästhetischen Kriterien. Als Kritiker Einfluss auszuüben, bedeutet für mich, den Leuten neue Gedankenwege aufzuzeigen.«

»Prost!«, sagte Nordmann.

Ich nickte befriedigt.

Nordmann schaute mich etwas mitleidig an.

»Sie werden zugeben, dass wir davon ausgehen müssen, dass der Kritiker in den letzten Jahren einen erheblichen Prestige- und Machtverlust hat hinnehmen müssen.«

»Nun ja«, erwiderte ich. »In der bildenden Kunst hat dies auch damit zu tun, dass sich das Publikum von einem kleinen interessierten Zirkel zu einem Massenpublikum verändert beziehungsweise entwickelt hat. Beispiel *Documenta.* Da rennen heute mehr als eine halbe Million Menschen hin. Die *Documenta* ist ein populäres Ereignis, das gerade junge Menschen anzieht und solche Dimensionen aufweist, dass es für den einzelnen Kritiker gar nicht mehr möglich ist, einen größeren Einfluss auszuüben. Mit der Entwicklung zum Massenpublikum hat der Kritiker inzwischen seine Rolle als Kunstrichter, wie wir sie noch aus dem neunzehnten Jahrhundert kennen, jedenfalls weitgehend verloren.«

»Ist es heute nicht so, dass jegliche Kunstkritik auch eine Art Kaufempfehlung darstellt?«, fragte Nordmann.

Dem konnte ich nicht widersprechen.

Den Werbeaspekt muss man in der Tat als nicht unerheblich herausstellen. Eine Ausstellung, und das wissen Sie besser als ich, Herr Nordmann, hat nur dann eine Existenzchance, wenn sie besprochen wird. Es ist nicht wichtig, ob der Kritiker gerade pro oder kontra ist. Galeristen und Kuratoren müssen das einfach mitmachen. Sie inserieren und erhalten dafür eine Besprechung.

Nordmann schaute bereits etwas glasig, wollte mir scheinen.

»Haben Sie noch mehr von dem Wein?«, fragte er ungeniert.

Ich hatte.

»Wissen Sie eigentlich, was Sie morgen bei Bartholdi erwartet?«, fragte Nordmann.

»Ich lasse mich überraschen«, sagte ich.

»Bartholdi ist ein typischer Vertreter des sogenannten *Colour-field Painting*, also auf gut Deutsch: der *Farbfeldmalerei*«, klärte mich Nordmann auf.

Jetzt legte der Kunst- und Weingewaltige mächtig los.

»In der Farbfeldmalerei emanzipiert sich die Malerei von allen inhaltlichen und formalen Fremdbestimmungen und nimmt sich selbst zu ihrem eigenen Gegenstand.«

»Das habe ich nicht verstanden«, begehrte Violetta auf.

»Später«, knurrte Nordmann mit undefinierbarer Geste. »Das Wesen von *Colour-field Painting* besteht darin, eine rechteckige Leinwand mit Primärfarben möglichst gleichmäßig und flächig auszumalen, wobei die Primärfarben Töne und Farbkompositionen ersetzen.«

»So was kommt mir nicht in meine Galerie«, schnarrte Frau Nordmann, die sich unversehens eines unwirschen Blickes ihres Gatten ausgesetzt sah.

»Das Besondere dabei ist«, fuhr Nordmann fort, »dass die Bildebene dabei immer flacher und flacher wird.«

»Genau wie deine Ausführungen«, löckte Frau Nordmann wider den Stachel.

Ich verwies darauf, dass die Farbfeldmalerei noch lange nicht das Ende der Fahnenstange darstelle. Als neues Genre mache jetzt die Unterwassermalerei von sich reden. Tauchende Künstler, die das Aquarell wieder zu seinen Ursprüngen zurückführten.

Nordmann zog die Stirn kraus.

»Haben Sie noch einen vernünftigen Grappa da?«, fragte er lauernd.

Ich bejahte.

»Auch der Alkohol bietet die Befreiung vom Gegenständlichen«, sagte ich. »Können wir darin nicht die verschwimmenden Konturen von Personen wiedererkennen, die täglich auf uns Einfluss zu nehmen versuchen? Das ist nicht nur Genuss, das ist auch Lebenshilfe an der vordersten Front. Zum Wohl, mein Lieber.«

Nordmann schlug mir loyal auf die Schulter.

»Wissen Sie, vielleicht braucht es bald gar keine Kritiker mehr«, ließ er aufhorchen. »Schon im Frühlingssalon 2000 wurde in Dresden eine Kunstkritikmaschine vorgeführt.«

Hatte Nordmann, nun inzwischen von Wein und Grappa durchflutet, seinen Ganglien zu viel zugemutet? Doch Nordmann ließ sich nicht beirren. Er stand kurz vor dem Break-even Point. In diesem Stadium wurde das Bewusstsein bei mir regelmäßig auf eine höhere Ebene befördert, wobei ich mich völlig aus der alltäglichen Abstumpfung löste und für tiefenpsychologische Wahrnehmungen sensibilisiert wurde. Allerdings wurde dieser Zustand bedauerlicherweise anschließend regelmäßig durch einen abrupten Filmriss abgelöst.

»Erkundigen Sie sich beim Kunsthaus Dresden«, fuhr Nordmann fort. »Es handelt sich um eine Software, die sowohl Ausstellungsbesuchern als auch Künstlern die Möglichkeit bietet, sich zu einem Werk ihrer Wahl eine Kunstkritik generieren zu lassen. Dabei wird die Kritik nach Eingabe von Autor und Titel sowie weiteren Parametern per Zufallsgenerator aus Textbausteinen vorgegebener Kategorien erstellt, wobei das Textmaterial der zeitgenössischen Kunstkritik entliehen ist. Das funktioniert natürlich nur bei Literatur«, lächelte er salbungsvoll. »Bei den bildenden

Künsten steht der Zufallsgenerator oft auf der anderen Seite – bei den Künstlern!«, lachte er wie befreit.

Bei mir hatten die abendlichen Getränke inzwischen einen Frontalangriff auf mein Sprachzentrum gestartet, denn selbst die Grundelemente kenntnisreichen Mitredens ließen sich nur noch sehr lückenhaft bedienen. Endzeitstimmung.

Die Damen tauschten verständnisinnige Blicke. Ich schlief auf meinem Stuhl ein, und die Nordmanns machten sich auf den Heimweg.

3

Die Vernissage in der Galerie Mahlmann. Ein mit Autos aller Preisklassen verstopfter Parkplatz. Beim Betreten der Galerie schlug mir ein babylonisches Stimmengewirr entgegen. Eine Menschenansammlung im Spannungsbogen von wahren Kunstinteressenten bis zum Getränke schnorrenden Vernissagendesperado.

Mit der Begrüßung der Gäste eröffnete Gaston Mahlmann die Vernissage. Er verlieh seiner Genugtuung Ausdruck, den Künstler in persona seinen Gästen präsentieren zu können, und zeigte sich sichtlich erleichtert darüber, das Wort an den bei derartigen Anlässen als Aushängeschild fungierenden ehemaligen Direktor der Kunsthalle übergeben zu können.

Dr. Rehbein-Görlitz blieb in seiner Rede nichts schuldig, die grundsätzlich von der Absicht ausging, Kunstgenuss und Bildung zu versöhnen und damit einen, wie er betonte, »intellektuellen Eros« zu inszenieren: Der Betrachter solle durch die ästhetische Erfahrung in den Stand gesetzt werden, universelle Werte für eigene Handlungsspielräume zu entdecken. Die Farbfeldmalerei interpretierte Rehbein-Görlitz als eine Migration der Formen in olivgrüne, meerblaue, dunkellila und fröhlich grüne Ebenen, was mir den lauten Zwischenruf »Gewächshausästhetik« entlockte. Dies trug mir einen irritierten Blick des Referenten ein. Offensichtlich hatte ich seine Hommage nachhaltig gestört, denn der anschließende Beifall fiel etwas verhalten aus.

Ungewollt tauschte ich einen flüchtigen Erkennungsblick mit Herrn Seekamp, meinem Versicherungsvertreter, der sich unverzüglich einen Weg durch den Menschenauflauf bahnte und auf mich zusteuerte. Ich fürchtete eine unangenehme Auseinandersetzung in coram publico, da ich vor einigen Tagen mein gesamtes Versicherungspaket einem Makler übertragen hatte. Glücklicherweise gelang es mir, in letzter Sekunde Frau Dr. Straub, eine Fachärztin für Dermatologie, in ein hautärztliches Nothilfeersuchen einzubinden, indem ich auf eine schorfige Erhebung unter meinem rechten Brillenrand verwies.

»Lassen Sie mal sehen und kommen Sie mit mir ans Fenster.«

Mit diesem Appell befreite mich Frau Dr. Straub fürs Erste aus den Fängen des sich geprellt fühlenden Versicherungsvertreters, um mir allerdings dann unmittelbar nach ihrer Rettungstat einen kräftigen Tiefschlag zu versetzen.

»Solare Keratose«, sagte sie, »typische präcancerose Vorstufe zum weißen Hautkrebs.«

Ich sank auf ein Wandpodest und stieß dabei eine Vase um. Frau Dr. Straub schüttelte den Kopf.

»Kein Grund zur Panik. Kommen Sie nächste Woche in meine Praxis zur Laserbehandlung. Das wird schon wieder.«

So schnell wurde ich aber nicht wieder und kümmerte mich in schamerfüllter Beflissenheit um die Scherben der Vase. Hoffentlich nichts aus der Ming-Dynastie. Glücklicherweise war Herr Seekamp inzwischen von einer mir unbekannten Dame in ein hoffentlich recht intensives Gespräch verwickelt worden.

Es gelang mir, ein Glas Schaumwein vom herumgereichten Silbertablett zu ergattern. Zitternd führte ich den Kelch zum Mund. Halbtrocken – süßes Dropswasser. Eine Beleidigung der Geschmackspapillen. Trotzdem kippte ich die Brühe hinunter.

Mit einiger Schadenfreude stellte ich fest, dass Frau Siedenburg, die Ehefrau des landauf, landab gefürchteten Staatsanwalts in Sachen Verkehrswesen, sich in kürzester Zeit bereits zum dritten Mal am Silbertablett bediente und nicht bemerkte, dass sich ihre kunstvoll gesteckte Hochfrisur nach dem Verlust zweier Haarnadeln im Vorstadium der Auflösung befand. Für die nächste halbe Stunde war die Mutation zur Eckkneipenschlampe nicht auszuschließen.

Herr Zimmermann, der bekannteste Auktionator dieser Stadt, hatte mich entdeckt und schlug mir jovial auf die Schulter.

»Von dem Zeugs kann ich auch in zwanzig Jahren nichts verkaufen. Um das hier zu verstehen, muss man mehrere Semester poststrukturalistische Philosophie studiert haben. Aber das ist eben die neue Linie der Documenta, der hier wieder einmal ein Forum geboten wird: Kunst jenseits von Markt und Messe.«

Gerade wollte Zimmermann weiter zu Kernfragen des Poststrukturalismus ausholen, da stolperte Frau Siedenburg über einige der noch nicht entsorgten Trümmer der Vase und begoss den Auktionator mit ihrem prickelnden Getränk. Grußlos entfernte sich der Frischgeduschte aus meiner Nähe, vermutlich um sein derangiertes Äußeres auf der Herrentoilette zu restaurieren.

Eine günstige Gelegenheit für mich, in Erfüllung meines redaktionellen Auftrages die Artefakte des Herrn Bartholdi einer kritischen Synopse zu unterziehen. Ich hatte mir eine nummerierte Bilderliste besorgt, in die ich fallweise ein Kreuzchen eintragen konnte, das mich bei meiner häuslichen Rezension daran erinnern sollte, wo sich das Zusammenspiel von Formen und Farben als neue ästhetische Erfahrung in mein Gehirn eingegraben hatte. Einiges sprach allerdings dafür, dass es sich dabei um ein überflüssiges Verwirrspiel für meine Neuronen handelte.

Angesichts des unübersehbaren Kopfschüttelns und raunenden Unverständnisses der Vernissagenbesucher überraschte es mich doch, dass eine Galeriemitarbeiterin den Rahmen einiger Bilder mit einem roten Punkt verzierte – als Zeichen des Verkaufs. Ich fragte mich, ob dies nicht bloß eine Finte war, um eine Kaufsignalwirkung auf erbauungssüchtige Kunstesel auszulösen, als Zimmermann mit feuchter, aber glatt gescheitelter Haartracht wieder auftauchte und unaufgefordert aus berufenem Mund den Satz fallen ließ:

»Mein lieber Freund, allein in der Kunstbetrachtung liegt die Freiheit vor jeglicher Täuschung und Verführung. Das bringt unsereinen auf den richtigen Weg, seine Moral und seine Gesetze zu veredeln.«

Gern hätte ich gefragt, wie sich denn sein aktuell auf Hochglanz polierter Moralbegriff mit den Wucherpreisen auf seinen Auktionen vereinbaren ließe, aber schließlich ließ ich es bei einem seichten Lob bewenden.

Schöner könne man es kaum sagen, meinte ich antworten zu müssen, um dann noch die Frage anzuhängen, ob es sich bei Bartholdis Kunst nicht möglicherweise um eine besondere Form von Entkunstung handele.

Unversehens raubte mir ein greller Magnesium-Flash beinahe das Augenlicht, als ein vorwitziger Pressefotograf mich als kunstsinnigen Betrachter vor einer Scheußlichkeit der besonderen Art auf die Platte zu bannen trachtete. Mit einem penetranten »Darf ich mal?« bahnte er sich einen Weg durch die Menge.

Ich drückte mich klammheimlich an dem immer noch nach mir Ausschau haltenden Versicherungsvertreter vorbei und schaffte schließlich den Weg ins Freie.

Auf dem Heimweg beschäftigte mich der Gedanke, ob es Bartholdi tatsächlich gelungen sein mochte, den eigenen irrationalen Kick in seine Bilder einfließen zu lassen, um sich vom grauen Heer der Trendmelder und Avantgarde-Kämpfer abzusetzen. Aber im Grunde genommen interessierte mich das nicht. Als eine ins Religiöse gewendete Epiphanie hatten die Bilder auch nicht auf mich gewirkt. Ja, wo dann noch Halt finden? Dieser Frage nachzugehen, könnte sich lohnen.

Mein Mobiltelefon klingelte zur rechten Zeit.

Es war Violetta, die mich mit einem selbst gemachten Chili con carne nach Hause locken wollte und überdies daran erinnerte, Mariella bei der Vorbereitung einer französischen Klassenarbeit behilflich zu sein. Keine Sekunde wurde man in Ruhe gelassen.

Ich ging jetzt betont langsamer. Außerdem schaltete ich das Handy ab, um mich ungestört treiben zu lassen.

Schon einige Straßenecken weiter wurde das Laissez-faire-aller unterbrochen. Auf dem Trottoir saß ein Mann und bot lautstark die *Obdachlosenzeitung* an. Bisher war ich der Meinung, dass es sich dabei um eine Schwesterzeitschrift der meist gelesenen »Armenzeitung für niedere Informationsanspüche« (Dieter Hildebrandt) handelte.

Ich kam mit dem Mann ins Gespräch, der mit 80 Cent am Verkauf der Zeitung beteiligt war. Er berichtete, dass er in einer Einrichtung der Bürgerhilfe, einem sogenannten Übergangshaus, einen Wohnplatz gefunden habe. Das Haus würde fast ausschließlich von Hartz-IV-Empfängern in der Altersklasse von achtzehn bis nach oben offen bewohnt. Das war gut zu wissen. Am Ende aller sozialen und menschlichen Niederlagen und dem Verlust einer gesicherten Zukunft würde sich auch für mich noch eine Bleibe finden lassen.

Eine allgemeine Rechtsberatung würde auch noch geboten. Jeden Montag von elf bis fünfzehn Uhr im *Café Bankrott* bei *mob e.V.* in Berlin. Bei Bedürftigkeit war der ALG-II-Bescheid mitzubringen. Nun, um den würde ich mich rechtzeitig bemühen müssen.

Interessant war ein Beitrag der Zeitung, der auf die Klagen katholischer und evangelischer Kirchenvertreter gegen den Gesundheitswahn Bezug nahm. Die Sucht nach ewiger Gesundheit habe in Deutschland mittlerweile den Charakter einer Vollzeitneurose angenommen, mahnten die Kirchenleute. Krankheit und Tod gehörten aber unabdingbar zum Leben. Selbst Jesus hätte schließlich Beschwerden am Kreuz gehabt. Doch gegen den Gesundheitswahn einer kranken Gesellschaft sei selbst der rechte Glaube machtlos. Heutzutage wollten die Leute einfach nicht mehr auferstehen, sondern gar nicht erst richtig leben.

Der Zeitungsverkäufer, dem ich ein kleines Trinkgeld zukommen ließ, gab sich leutselig und aufgeschlossen:

»Nicht alle von uns im Übergangshaus arbeiten. Einige wollen nur noch saufen und werden dann an Wohnheime vermittelt. Ich habe mal ein Studium angefangen. Jura oder so. Später dann abgebrochen. Aber zur Finanzierung des Studiums hab ich jeden Job angefasst. Jeden, sag ich Ihnen. Zum Beispiel Weihnachten: Am Morgen des Heiligen Abends benötigte eine Schokoladenfabrik eine Hilfskraft zum Stapeln von Kisten mit Schokoladenweihnachtsmännern auf Paletten. Das Ganze fand in einem Kellergewölbe statt. Versehentlich ließ ich dabei eine Kiste fallen und aus einigen geplatzten Weihnachtsmännern tropfte eine Flüssigkeit mit angenehmem Geruch: Cointreau. Daraufhin biss ich in Fünfminutenintervallen jeweils einem Weihnachtsmann den Kopf ab, trank die Füllung aus und warf den Schokoladentorso durch ein offenes Kellerfenster nach oben auf den Bürgersteig. Als ich nach drei Stunden meinen Job beendet hatte und stinkbesoffen auf die Straße kam, hatte sich ein Pulk von Kindern angesammelt, die sich im Zuge einer Schokoladenresteverwertung vor dem Kellerfenster postiert hatten. Ich hörte dann allerdings nur noch die Worte: Lass uns abhauen, da kommt nichts mehr. Einen hohen Erlebniswert hatte für mich auch eine Aktion, die die sogenannte Jobberhöhle für fünfzehn reittechnisch Versierte anbot. Diese Paradejockeys sollten in einem Abenteuerfilm als Komparsen für die Szene eines Ulanenangriffs auf Pferden in den Herrenhäuser Gärten in Hannover eine Attacke reiten. Dabei war auch eine scharfe Linkskurve um eine Baumgruppe zu bewältigen. Überflüssig zu erwähnen, dass von fast vierzig Bewerbern lediglich einige Wenige mal als Jugendliche im Hippodrom von Haberjahn auf Ponys gesessen hatten, der Rest verstand vom Reiten so viel wie die Kuh vom Seiltanzen. Schließlich wurde im Losverfahren die erforderliche Reiterelite ermittelt und per Bus von Hamburg nach Hannover chauffiert. Die Ulanen wurden in Kostüme gesteckt und auf die Pferde gesetzt. Auf Pfiff wetzten fünfzehn reiterlose Pferde um die Ecke, und die Ulanen wälzten sich auf der Wiese. Als bei der Wiederholung nur ein Reiter mit einem Fuß im Steigbügel hängend durchkam und die aufgeschreckten Pferde durch die Feuerwehr wieder eingefangen werden mussten, war das Gastspiel beendet. Zum Glück hatten wir unseren Lohn schon im Voraus kassiert. Das waren noch Zeiten«, schwärmte der Obdachlosenzeitung-Verkäufer. »Heute musst du, um dir dein Wohnrecht im Übergangshaus zu erhalten, grundsätzlich bereit sein, jeden Hungerleiderjob zu übernehmen, um die Bereitschaft zu zeigen, deine Situation verändern zu wollen.«

Anschließend kaufte ich dem Mann seinen gesamten Tagesvorrat an Zeitungen ab, denn er hatte meinen Ermessensspielraum für die Altersvorsorge ungemein bereichert.

4

Es war Frühling, und ich kam an blühenden Gärten vorbei. Leider musste ich feststellen, dass ich in all den Jahren mein Fachwissen in puncto Flora und Fauna arg vernachlässigt hatte. Rosen. Tulpen, Margeriten und Sonnenblumen, da kannte ich mich aus, aber mit den anderen Kleinodien des Gartens hielt sich die Wiedererkennungs- und Benennungsquote in Grenzen. Ähnlich trostlos sah es aus bei der Identifizierung von Vogelstimmen. Taubengurren, Rabenkrähen und Kuckucksrufe, das war es auch schon. Bei über zehntausend Vögeln weltweit keine allzu eindrucksvolle Trefferquote.

Violetta dagegen erkennt Unterschiede im Gesang der Goldammer und ist in der Lage, die Stimmen einer Dorngrasmücke herauszuhören, die andere Grasmücken imitiert. Vögel wie der Zilpzalp, Karmingimpel und Zwergschnäpper haben einen festen Platz an ihrem vogelkundlichen Horizont. Das ist angenehm an lauen Sommerabenden, wenn die Unterhaltung über die Erlebniswerte des Tagewerks unergiebig wird, dann lauschen wir den Vogelstimmen. Es gäbe sogar Vogeldialekte, klärte sie mich auf.

Violetta stammt aus dem Piemont, genauer gesagt aus Alba in der Provinz Cuneo. Nach dem Gymnasialabschluss besuchte sie mit Erfolg das Konservatorium in Turin und debütierte als Sopranistin in der Rolle der Mimi in *La Bohème*. Nach diesem Erfolg standen ihr die italienischen Opernhäuser offen, bis eine beginnende Kehlkopf-Präcancerose ihrer Karriere ein jähes Ende setzte. Schön, aber mittellos hatte sie dann das Glück, auf der Urlaubsinsel Capri die Bekanntschaft eines begüterten deutschen Industriellen zu machen. Der Rest ist kurz erzählt: Heirat, Geburt von Mariella, Scheidung wegen Untreue des Gatten, Einstieg ins bürgerliche Alltagsleben als Inneneinrichtungsberaterin in einem deutschen Möbelhaus, und dann kam ich ins Spiel.

Nach den ersten Lebensniederlagen im gereiften Alter hatte meine Frau inzwischen die Ehe an die Wand gefahren. Auslöser: Weibliche Selbstverwirklichung der zuvor noch Treusorgenden mit einem jugendfrischen Latin Lover.

Es folgte der Einrichtungskahlschlag in meinen vier Wänden. Tisch, Bett, Sofa – alles weg. Nach drei Tagen Bandscheibenschmerzen auf der Luftmatratze fasste ich den logischen Entschluss: Das Haus braucht neue Möbel. Ein Freund hatte mir ein Möbelhaus empfohlen. Der Abteilung für Polstermöbel gehörte daher mein vordringlichstes Interesse. An der Information bat ich um Beratung durch einen kompetenten Verkäufer.

»Frau Jansen wird Sie bedienen«, wurde ich beschieden, »warten Sie bitte noch zehn Minuten. Frau Jansen hat noch Kundschaft.«

Ich machte es mir inzwischen in einer Leseecke bequem und informierte mich über Polstermöbel. Auf diese Weise machte ich erstmalig Bekanntschaft mit einem japanischen Möbelstück, dem Futon, einer hart gepolsterten Bettmatte, der ich eine gewisse Kaufoption für das gähnend leere Gästezimmer zugestand.

Als Frau Jansen erschien, stockte mir der Atem. Keine Frage: ein veritabler Hingucker.

»Violetta Jansen«, stellte sie sich vor. »Was kann ich für Sie tun?«

Mir fielen schlagartig Dinge ein, die mit dem geplanten Einkauf nicht das Geringste zu tun hatten. Aber nach kurzer Stotterphase hatte ich mich wieder unter Kontrolle.

»Ich suche eine Couch. Ein Sitzmöbel zum Sitzen und zum Schlafen«, sagte ich.

Violetta lächelte mich so unergründlich tief an, dass die abgründigste Schlucht des Apennin nicht annähernd zum Vergleich ausgereicht hätte.

»So, so, ein Schlafsofa. Für das Wohnzimmer oder einen anderen Raum?«

»Ich denke, ich stelle es erst mal in das Wohnzimmer. Dort sind die Lücken am größten.«

»Wissen Sie«, klärte mich Frau Jansen auf, »Schlafsofas sind wahre Verwandlungskünstler. Sie müssen eine ganze Menge leisten. Als Sitzmöbel sollen sie bequem sein und gut aussehen, als Bettersatz sollen sie sich dagegen am liebsten mit einem Handgriff verwandeln lassen.«

»Ich brauche auch noch ein paar Sessel, die müssten natürlich dazu passen«, gab ich zu bedenken.

»Hm«, machte Frau Jansen, »was halten Sie davon, wenn ich mir Ihre Wohnung einmal ansehe, dann könnte ich Ihnen gleich ein paar Anregungen zur Dekoration der Wohnung mitgeben. Es gibt da einige Tricks, wie man die Möbel mit den entsprechenden Dekos in ein ideales Licht setzen kann.«

Das klang einleuchtend und verführerisch zugleich, und ich stellte mir unverzüglich vor, wie angenehm es sein müsste, mit Violetta Jansen einen Kuscheltest als Eignungsprüfung für das Schlafsofa durchzuführen.

Zwei Tage später rückte Violetta mit Möbelwagen und Packer an. Direkt nach dem Aufbau der Möbel schickte ich die Möbelpacker mit der Bemerkung nach Hause:

»Das können Sie alles hier lassen. Frau Jansen und ich werden uns schon einigen.«

Dabei erlaubte ich mir, Frau Jansen den Anflug eines pikarischen Lächelns zu schenken, das diese mit einem Ausdruck gequälter Hilflosigkeit quittierte.

Mit leichter Hand kombinierte Violetta Sessel, Beistelltische und Couch, und ich hatte ihrer Verwandlungskunst nichts mehr hinzuzufügen. Ihr Dekorationstalent war offensichtlicher Ausdruck typischer italienischer Designerschmieden. Es ließ gar keine andere formale Ausrichtung zu. Ich fand nur ein Wort: perfekt. Ich unterschrieb den Kaufvertrag und lud sie noch auf ein Glas Prosecco ein.

Bei unserem Smalltalk lüftete ich das Geheimnis ihrer Herkunft und geriet ins Schwärmen über die Besonderheiten und Schönheiten des Piemont. Unversehens war die Flasche leer geworden, was uns ein leichtes Erstaunen abnötigte. Vielleicht lag es aber nur an mir. Allerdings war mir so viel Mut zugeflossen, dass ich sie fragte, ob ich sie zum Essen einladen dürfte. Das Restaurant *Michele* hätte in der letzten Gastrokritik besonders gute Noten erhalten, und so weit ich richtig informiert wäre, käme der Patron sogar aus Turin. Zu meiner Freude sagte sie für das Wochenende zu.

5

Es war mir nicht verborgen geblieben, dass Violetta um einiges jünger war als ich. Das war aus meiner Sicht sicherlich kein Nachteil. Aber es stellte sich vordergründig für mich die Frage meines Outfits für den Abend bei *Michele*.

Als konservativer Lordsiegelbewahrer mit Anzug und Krawatte konnte das ganze Tête-à-tête vielleicht den Eindruck eines Vater-Tochter-Treffens hervorrufen. Ich hatte meinen Fantasien aber schon längst keine Zügel mehr angelegt und konnte mir den Abend über die anfängliche Besinnlichkeit hinaus durchaus auch noch etwas turbulenter vorstellen. Es musste ja nicht bei diesem einzigen Abend bleiben. Dafür war mir das Schicksal doch schon recht weit entgegengekommen.

Ich entschied mich also für eine verwaschene Jeans, ein weißes Polohemd und ein schwarzes Edelsakko. Eine Fingerspitze Gel und einen Hauch Brillantine in die Haare einmassiert sowie zwei Spritzer *Bulgari* hinter die Ohren. Viel hatte ich nicht mehr an mir auszusetzen. Und mehr war auch nicht herauszuholen. Die Mitte Sechzig hatte ich optisch elegant auf Anfang bis Mitte Fünfzig herunter geschraubt. Davon, meinte ich, durfte ich zumindest ausgehen. Bedauerlich war nur, dass die feisten Tränensäcke so gar nicht hinter dem feinrahmigen Brillengestell verschwinden wollten. Da musste noch einmal die etwas breitrandige Hornbrille herhalten. Beinahe hätte ich die schweinsartigen Borstenhaare vergessen, die links und rechts aus den Nasenlöchern heraussprossen. Aber dafür hatte ich mir per Versandhandel einen elektrischen Spezialschneider kommen lassen.

Es war kurz vor zwanzig Uhr. Ich bestellte ein Taxi, ließ den Fahrer aber an der nächsten Straßenecke wenden, da ich vergessen hatte, rein prophylaktisch eine 24-Stunden-Depottablette einzunehmen, die einer eventuellen von Übererregung und Versagensängsten getragenen erektilen Dysfunktion die erforderliche Härte entgegensetzen konnte, falls man sich über die Essensrituale hinaus noch menschlich etwas näher kommen sollte.

Violetta trug ein helles ärmelloses, leicht dekolletiertes Sommerkleid, das kurz über den Knien endete und den Blick freigab auf ein paar Beine, die geradezu in den Himmel ragten. Bei ihrem Anblick erlitt ich einen Schweißausbruch. Sie nahm denselben schweigend zur Kenntnis und reichte mir stattdessen ein Tempotaschentuch. Ich bat den Fahrer, die Seitenfenster zu öffnen, fing mir aber eine deutliche Abwehrgeste Violettas ein, die um ihre kunstvoll gestaltete Frisur besorgt zu sein schien.

Michele empfing uns mit südländischer Grandezza und erlaubte sich unverzüglich einen Handkuss bei Violetta. Er geleitete uns an unseren Tisch und entzündete zwei Kerzen auf einem silbernen Kandelaber.

»Zwei Prosecco als Aperitif?«, fragte Michele und richtete seinen Blick auf Violetta.

»No frizzante, spumante per favore«, lächelte sie höflich zurück.

Michele erkannte eine Landsfrau und war begeistert. Als sie auch noch ihren Geburtsort Alba im Piemont erwähnte, wurde mir klar, dass sich der finanzielle Aufwand für diesen Abend in Grenzen halten würde.

»Due spumante de la casa«, rief er einem vorbei eilenden Bediensteten zu.

»Bestellen Sie niemals frizzante«, flüsterte sie mir zu, »das sind italienische Kellergeister: alkoholisierter Sprudel mit aufgelösten Gummibärchen. Für frizzante brauchen Sie eine Packung Aspirin am nächsten Tag. Spumante ist in Ordnung.«

Ich war beeindruckt. Eine alkoholische Lehrstunde aus berufenem Frauenmund. Das war mir noch nie passiert. Aber schließlich befanden wir uns hier auf italienischem Terrain, und ich hatte es nicht anders gewollt. Ich sollte noch früh genug merken, dass ich mit der Wahl eines italienischen Restaurants ein Eigentor geschossen hatte. Den großen Gastro-Zampano konnte ich mir hier abschminken. Die Dame war durch die Inszenierungen gutbürgerlicher italienischer Trattorien nicht zu beeindrucken. Kein Wunder, galt doch gerade ihr Geburtsort Alba als das Zentrum der piemontesischen Küche und erfreute sich insbesondere wegen seiner weißen Trüffel großer Wertschätzung. So war es eigentlich nur ein Akt der Selbsthilfe, dass ich ihr die Bestellung der Speisen überließ, um dann zumindest auf dem Weinsektor die in jahrzehntelanger Leberfolter erworbenen Verkostungskenntnisse in die Wagschale zu werfen.

Ich wählte einen 96er Barolo und deutete vieldeutig nach dem Probeschluck an:

»Ein wahrer Hedonisten-Wein. Fein wie Seide mit geschliffenen Tanninen.«

Das mit dem Hedonismus möge ich doch bitte näher erläutern, wurde ich gebeten. Sie möchte nicht in die Schublade von Personen gesteckt werden, denen es um das ungehemmte Ausleben ihrer Unterleibsbedürfnisse ginge. Ich beeilte mich zu versichern, dass sich dieses Attribut nur auf den Genusswert des Weines bezöge, und erlaubte mir ein kleines Augenzwinkern.

»Purer Gaumensex.«

Ein befreiendes Lachen beendete diesen Drahtseilakt der Anzüglichkeiten. Ich blickte die Dame versonnen an. Im Verlaufe des Abends ließ ich hinsichtlich der beiläufigen Frage nach meinem Glaubensbekenntnis für einen Moment meine linke Hand auf ihrer rechten ruhen und gewährte einen luziden Abriss meines philosophischen Weltbildes.

»Der weitverbreitete Glaube an Gott ist eine Realität – ob es ihn gibt oder nicht. Die Religionen sind ein ganz anderes Schlachtfeld.«

Ich nahm einen Schluck Rotwein zu mir und fuhr fort:

»Wir sollten heute Abend keine ethischen Normen auf den Punkt bringen. Ich finde Sie, vorsichtig ausgedrückt, sehr sympathisch und würde Ihnen gern das Du anbieten – ich heiße Rudolf.«

»Rudolf«, wiederholte sie langsam, als würde sie sich den Namen auf der Zunge zergehen lassen. »Ich werde dich Rodolfo nennen. Ich heiße Violetta; meine Freunde dürfen mich aber auch Vio nennen.«

So hatte es vor fünf Jahren begonnen. Aber an diesem Abend, der sich so wunderbar angelassen hatte, war nichts mehr passiert. Violetta wurde plötzlich von Kopfschmerzen heimgesucht. Vermutlich eine Folge des Hedonisten-Weines, und nach der Taxifahrt setzte ich sie vor ihrer Haustür ab. Ich versprach, sie am nächsten Tag anzurufen. Meine Tablette hatte ich umsonst geschluckt – aber das war an diesem Tag mein geringstes Problem.

Zurückgekehrt in meine Wohnung ließ ich mich in meinen Fernsehsessel (wenigstens dieses Möbelstück war dem Raubfeldzug meiner Ex entgangen) fallen. Ein Glas Wein aus einer am Vorabend nicht geleerten Flasche harrte noch seiner Endverwertung, und die Zeit schien mir wie gerufen, den genossenen Abend in gebotener Besinnlichkeit ausklingen zu lassen. Doch eine verhängnisvolle Art von Sekundenschlaf ließ meinen Kopf auf die Brust sinken, damit gleichzeitig insinuierend, dass auch das Aufsuchen des Schlafzimmers einen Sinn machen könnte.

In letzter Zeit stellte ich häufiger fest, dass die Müdigkeit im Fernsehsessel und die Einschlafphase im Bett keineswegs kongruent abliefen. Unruhig wälzte ich mich in Multimix-Manier auf der Schlafstätte von der rechten auf die linke Seite, versuchte es kurz mit Rückenschlaf, wobei mir eine Apnoe gleich darauf den Lebensmut verkürzte. Ich probierte dann bewährte Einschlaftricks aus, indem ich mich in den Mittelpunkt sexueller Ausschweifungen versetzte und dabei auch nicht vor Eigenstreicheleinheiten zurückschreckte. Doch an manchen Tagen, oder besser Nächten, war es wie verhext: Der erlösende Schlaf wollte sich einfach nicht einstellen. Und kam er schließlich doch noch, wurde er nach kurzer Zeit von heftigem Harndrang unterbrochen, der eine Sitzung auf der Toilette heraufbeschwor. Erst in den frühen Morgenstunden übermannte mich ein abgrundtiefer Schlaf. Sei's drum – die moderne Medizin will uns ja weismachen, dass der ältere Mensch mit vier Stunden Schlaf gut zurechtkommt. Aber auch hier gehöre ich zu den großen Ausnahmen. Jedenfalls mündet der Akt des Aufstehens jedes Mal in eine katastrophale Stimmungslage, deren infernalische Qualität sich mühelos von sämtlichen ehemaligen und aktuellen Nahestehenden bezeugen lässt.

Der nächste Tag, ein Sonntag, war wieder einmal der Ereignislosigkeit vorbehalten. Zunächst einmal versuchte ich, diesen Tag nicht zur Kenntnis zu nehmen, und blieb so lange im Bett liegen, bis sich erste Kreuzschmerzen einstellten. Nach den ersten unbeholfenen Bewegungen in Richtung Toilette und Dusche überkam mich das Gefühl der Langeweile, der Leere und des Nichts. Ich versuchte diesem Umstand etwas Positives abzugewinnen, da man schließlich nicht ausschließen konnte, auf dem Gipfel der Langeweile den Sinn des Nichts zu erfahren. Mit einer derartigen Erkenntnis wäre man im Leben schon einen gehörigen Schritt weitergekommen, und vielleicht würde dadurch ja auch das endgültige Hinausgleiten aus dem Leben etwas von seiner Rätselhaftigkeit verlieren.

Um sich aus dem Gefühl der Langeweile zu befreien, konnte man natürlich auch eine ganze Menge unsinniger Dinge tun, um sich wieder in den Kreis der Spaßgesellschaft einzureihen. Zum Beispiel Flugzettel mit meinem Namen zu verteilen, auf denen sonst gar nichts steht. Eine Selbstvernebelungsaktion, deren Feedback bei den Leuten mich aber interessieren würde. Vielleicht sollte man sich einmal in ein Rückführungsseminar einschreiben. Da werden einem durch ein grenzdebiles Medium die Augen geöffnet, in welche Schurkereien man in einem früheren Leben verwickelt war, um dann endlich zu erfahren, warum aktuell sozusagen zur Strafe alles in die Hose geht.

Einige Tage später hatte ich mich wiederum mit Violetta für den Abend verabredet. Dieses Mal wollte sie mich in meiner Wohnung bekochen. Ich solle mich nur um den Wein kümmern – für alle anderen Dinge des leiblichen Wohls erklärte sie sich zuständig.

Violetta erschien mit mehreren Supermarkttüten schwer bepackt schon in den frühen Abendstunden und nahm den ganzen Küchenbereich in Beschlag, während ich mich an der Stereoanlage zu schaffen machte, um via Hintergrundmusik auch im Ambiente à jour zu sein. Zwei Stunden zischte und schepperte es in der Küche (ich hatte keinen Zutritt), dann servierte sie *grande cucina piemontesa*: Schwertfischtartar mit Pfifferlingen, Spaghetti mit Scampi und anschließend Honigcreme mit Mandeln auf Walderdbeeren. Sinnigerweise hatte ich einen *Dolcetta d'Alba* auf den Tisch gebracht, und somit verlief alles in bester Harmonie.

Später rückten wir noch etwas näher zusammen. Zuerst auf der neuen Couch und anschließend im Bett – schließlich kannte sie mein Schlafzimmer ja noch nicht.

Aus unerfindlichem Zufall hatten wir beide das Bedürfnis, noch einmal getrennt das Bad zu benutzen, um anschließend teilentblößt und nach eigenem Gutdünken wohlriechend dem neu ins Visier genommenen Lebenspartner unter die Augen zu treten. Ich empfand es als angenehm, dass es jetzt nichts mehr zu erklären gab und keine verstohlenen Anzüglichkeiten mehr bemüht werden mussten, um die pfeilgerade Zielsetzung dieser Annäherung in die raumgreifende Gegenwart umzusetzen.

Die letzten Scham verhüllenden Textilien verteilten sich nach unkontrollierten Schleuderwürfen über Beisetztische und Nachtlampen oder gleich auf dem Fußboden. Von einem pubertären Vorspiel konnte keine Rede mehr sein – der norddeutsche Schwerblüter und das piemontesische Liebeswunder befanden sich im freien Fall.

Alles war neu für mich: Violetta konnte sich bei der ersten Berührung ihrer sensiblen Zonen fallen lassen. Und dann musste sich das sinnliche Glück bei ihr einfach Gehör verschaffen, ohne Rücksicht auf die Nachbarn.

Nach der ersten Nacht mit Vio habe ich täglich mit meiner Kündigung gerechnet. Aber entweder waren die Nachbarn verreist oder einfach nur begeistert – so wie ich. Ich habe inzwischen allerdings vorgesorgt: Die Fensterdichtungen wurden erneuert und viel Geld in eine Doppelverglasung investiert.

An diesem ersten Abend lagen wir schwer atmend nebeneinander, und ich wusste: Das kann nicht ewig gut gehen. So wirst du eines Tages mal aus dem Leben treten. Aber ich konnte mir in dieser Hinsicht unangenehmere Situationen vorstellen, und somit verlor diese Vision auch wieder schnell ihren Schrecken.

Wie befreit tranken wir daraufhin noch eine Flasche Wein und überließen uns den ersten Zuckungen der Gliedmaßen, die einen traumschweren Schlaf verkündeten.

6

Nach einigen Wochen zog Violetta bei mir ein, das heißt grundsätzlich an den Wochenenden von Freitag bis Montagmorgen. Auch Mariella war dann mit von der Partie, wenn sie es nicht vorzog, die Nacht gemeinsam mit einer Freundin in Violettas Wohnung zu verbringen.

Eines Sonntagmorgens schreckte mich Mariella auf, die es sich am Frühstückstisch mit einem Zeichenblock bewaffnet vor mir bequem gemacht hatte. Sie wolle eine Porträtzeichnung von mir anfertigen, ich möge den Kopf nicht bewegen. Nach wenigen Minuten wurde ich Augenzeuge einer scheußlichen Karikatur, die mich als Bewohner eines Greisenghettos verunglimpfte und von der sie behauptete, dass das Portrait ihr besonders gut gelungen sei und mir verblüffend ähnlich sähe. Auf mein verzweifeltes Zureden hin ließ sie sich erweichen, die Augenpartie zu wiederholen, da ein Auge doch etwas scheiße aussehe. In ihrem Schaffensdrang hing sie mit der Nasenspitze fast über dem Bild und musste mehrfach das Kreativprogramm unterbrechen, da ihre lang herunterfallenden Haare das Bild verdeckten.

Insgeheim finde ich, dass sie ein schönes Mädchen ist, sage es ihr aber nicht. Warnend erhebe ich allerdings meine Stimme, wenn ich bemerke, dass sie wahre Big Bags an Süßigkeiten verzehrt.

»Dein Jakobsweg zur Zahnfäule«, rief ich ihr zu.

»Jakobsweg? Wer wohnt da?«

So ging es also nicht.

In der renovierten Fassung meines Porträts hing nun mein linkes Lid deutlich tiefer als das rechte, und Mariella behauptete, ich bräuchte nur in den Spiegel zu schauen, dann würde ich es selbst erkennen. Ungläubig riskierte ich einen Blick und musste zu meinem Schrecken feststellen, dass sie nicht ganz Unrecht hatte. Das hatte ich bisher überhaupt noch nicht bemerkt. Das Leben treibt zuweilen ein fieses Spiel. Offensichtlich entsprach ich nicht mehr dem gängigen Schönheitsideal. Dabei gab es Körperpartien, die mir immer noch gut gefielen. Mit Haarwuchs, Ohren und Lippen konnte ich eigentlich noch ganz gut leben. Die Zähne sollte ich nicht allzu sehr blecken. Nun gut, der leichte Bauchansatz, hier konnte durch gelegentliches Einziehen vielleicht ein positives Körpergefühl auf den Weg gebracht werden.

Trost spendete nur das Wissen, dass Schönheitsideale vergänglich sind. In einer früheren Zeit wäre man in der jetzigen Erscheinungsform ein Inbegriff von Schönheit gewesen. Schließlich gibt es auch heute noch Kulturen, wo das ganz anders gesehen wird.

Also verscheuchte ich Gedanken an kosmetische Korrekturen und erinnerte mich daran, dass es auch in Zeiten atemberaubender Optik keine Garantien für Glück, Anerkennung und solide Partnerschaft gab. Vio musste mich halt so nehmen, wie ich war, und was sie betraf, war ich ja auch kein Unmensch.

Schließlich fand ich Trost an dem Gedanken, dass Älterwerden keine Krankheit war und dass meine gesamte Generation so langsam vor sich hin welkte und schrumpelte. Bette Davis lag da nicht so falsch: Alt werden ist nichts für Waschlappen.

Der Überlegung, dass ein zielgerichtetes Abnehmen mit oder ohne Diäten nicht nur als äußere Reizauffrischung gesehen werden kann, sondern zumindest auch keine schwerwiegenden gesundheitlichen Nachteile mit sich bringt, wenn man es nicht bis zur Bulimie kommen lässt, war ich tatsächlich zuweilen nahe. Die Krux war nur, dass die sogenannten Diätpäpste bei mir deswegen keinen Fuß in die Tür bekamen, weil ihre Alternativvorschläge zum sogenannten »gesunden Abnehmen« grundsätzlich immer wieder von *knackigen Salaten* und *leckerem Obst* ausgehen. Es käme einer Verstörung des morgendlichen Hochgefühls gleich, wenn ich mich bereits zum Frühstück zum Verfechter von Kaninchenfutter aufschwingen müsste. Die Graduierung *lecker* und *knackig* sollte man besser meiner persönlichen Einschätzung überlassen. Ich hätte hingegen ganz andere Produkte anzubieten: einen leckeren Schweinebraten und knackige Pasta zum Beispiel, *al dente*, wie es im gehobenen Gastrodeutsch heißt. Doch gesetzt den Fall, dass ich weitgehend alles richtig machte – was schützte mich vor abendlichen Heißhungerattacken vor dem Fernsehgerät? Das bisschen Wein, was einem noch vergönnt war, forderte doch geradezu dazu heraus, den Salzverlust mit Knabbergebäck zu kompensieren! Auch hier konnte der Anspruch nur in eine Richtung weisen: Wege zu finden, die aus dem Schönheitswahn herausführen.

Diese Überlegungen waren glücklicherweise nicht dazu angetan, das zeitweilige Zusammenleben mit Violetta und ihrer Tochter einer ernsthaften Prüfung auszusetzen. Sie nahm mich so, wie ich war, und das war gut so. Fünf Jahre ging das nun schon so, klar, dass sich inzwischen schon einiges abgeschliffen hatte. Erstaunlicherweise nicht der Sex – auch wenn die zeitlichen Intervalle sich ausdehnten –: Hier wurde immer noch auf allerhöchstem Stimmgabelniveau gejubelt.

Andere Wünsche wurden virulent. Die gusseiserne Piemonteserin hatte die benachbarte Toskana bisher wie der Teufel das Weihwasser gemieden. Doch mit dem Tedesco im Reisegepäck konnte sich Violetta eine Erforschung dieser »Terra incognita« inzwischen durchaus vorstellen. Mariella ließen wir in der Obhut von Freunden.

Es war drei Wochen vor Weihnachten, als wir mit einem Miniflieger über München auf dem Flughafen von Florenz landeten.

7

Violetta hatte ein Doppelzimmer im Hotel Londra in der Nähe des Bahnhofs Santa Maria Novella gebucht. Florenz präsentierte sich an den Straßenrändern im Glanze vieler mit roten Bändern und Lichtern geschmückter Tannenbäume. Ein kühler Wind trieb Papierfetzen und Blätter vor sich her, und die wenigen Passanten auf den Straßen hasteten mit hochgeschlagenem Mantelrevers in nahe gelegene Geschäfte und Restaurants oder verschwanden hinter den grauen Quaderfassaden der historischen Altstadt.

Für mich war es eine besondere Faszination. Zum ersten Mal erlebte ich Florenz ohne Touristen. Ich kannte die Stadt, damit meine ich die klassischen Kulturdenkmäler, aber auch das reizvolle Fiesole in den Hügeln. Ich hatte nie etwas anderes erlebt als eine randvolle Stadt, in der es fast unmöglich war, vor bestimmten Skulpturen oder Gemälden eine Phase der Besinnung einzulegen. Das war jetzt ganz anders, und das gab mir Gelegenheit, einen der wegweisenden Vorgänger Michelangelos, dem schon mit siebenundzwanzig Jahren gestorbenen Masaccio, in den Mittelpunkt meines kulturhistorischen Interesses zu stellen.

Natürlich würde ich Violetta durch die Uffizien, den Palazzo Pitti, zur Brunelleschi-Kuppel des Duomo, zur Medici-Kapelle und zur David-Skulptur begleiten, aber die Arbeiten Masaccios in der Brancacci-Kapelle der Kirche Santa Maria del Carmine waren für mich noch ein ungelöstes Rätsel, was die gesamte Kunstentwicklung der Renaissance betraf.

Da könne ich auch allein hingehen, wurde mir großzügig von Violetta bedeutet. Sie habe keine Lust, sich von den Herren Michelangelo, Donatello und Botticelli den ganzen Tag anöden zu lassen. Schließlich gäbe es in der Stadt auch noch *Gucci* und *Prada*. Das war klar: Wer in Damenbegleitung nach Florenz kommt, muss mit Shopping-Terror rechnen.

Für den Abend hatten wir einen Tisch in der Enoteca *Pinchiorri* reserviert. Wir bestellten ein Überraschungsmenü mit vier Gängen. Das Interessante dabei war, dass zu jedem Gang eine andere Flasche Wein auf den Tisch gestellt wurde, die der Sommelier der Enoteca für das jeweilige Gericht als besonders passend ausgewählt hatte. Die Überraschungskomponente aber lieferte der teutonische Weinliebhaber, der jede zur Eigenbedienung freigestellte Flasche bis auf den letzten Tropfen leer trank. Als ich zum Panacotta-Nachtisch auch noch die Flasche des edelsüßen und gehaltvollen Vin Santo der Vernichtung zuführen wollte, bat die inzwischen schon reichlich sauertöpfisch blickende Violetta den Camerere mit einer heftigen Handbewegung, die mir aber nicht entging, die Flasche sofort abzuräumen. Die Rechnung war saftig. Aber nachdem ich noch ein unverhältnismäßig großes Trinkgeld draufgelegt hatte, verließ ich die Enoteca als Freund des Hauses. Sie mutierten alle zu wahren Freunden für mich an diesem Abend: die französische Küchenchefin und der italienische Restaurantchef. Nur Violetta mochte sich diesem neu gewonnenen Freundesreigen nicht so ganz anschließen. Leicht resigniert meinte sie, von einer ersten Beziehungseintrübung ausgehen zu müssen.

»Manchmal glaube ich, es wäre besser gewesen, wenn du dich damals bei deiner Suche auf ein Feldbett anstatt auf eine Designercouch fokussiert hättest.«

Schade, dachte ich: Immer, wenn es besonders schön war, hielt das Leben noch einige Rückschläge parat.

Der nächste Tag sollte mich mit dem Gedanken konfrontieren, eventuell ein ernst zu nehmendes Alkoholproblem in Erwägung zu ziehen. Dazu zitierte Violetta genüsslich aus einer neunmalklugen Abhandlung der NEUE APOTHEKEN ILLUSTRIERTE. Schön, dass das deutsche Gesundheitswesen den Alltag mit derartigen Lebenshilfebeilagen immer wieder bereichert.

»Aha, das Journal für Hochbegabte«, wandte ich zeitkritisch ein. Ich wusste natürlich, was kam. Zwei Glas Wein wurden dem der Leberzirrhose entgegen taumelnden Genussmenschen gerade noch zugestanden – ansonsten wäre der Ofen aus. Schöne Aussichten. Nach dem Exkurs in die gehobene italienische Weinwelt vom gestrigen Abend dürfte ich somit in vierzehn Tagen mal wieder nippen. Ich wies darauf hin, dass der Mensch ohnehin eine temporäre Erscheinung sei, da müsse man die Dinge nehmen, wie sie kämen.

»Du befindest dich bereits in einer psychischen Abhängigkeit zum Alkohol, ließ sie mich wissen. Du gehst davon aus, dass derjenige unter Gleichgesinnten ein hohes Ansehen genießt, der am meisten verträgt. Dein Zugriff zum Alkohol, sprich Wein, ist bereits automatisiert und erfolgt ohne weitere Überlegung.«

Gegen diese Auffassung setzte ich mich vehement zur Wehr.

»Ich brauche Alkohol überhaupt nicht und kann jederzeit damit aufhören. Es gibt somit auch keine Abhängigkeit. Aber ich gebe zu, ich bin ein Geselligkeitstrinker. Ich trinke aus Vergnügen. Ereignislosigkeit und innere Leere sind andere Triebfedern. Wenn die Stimmung passt, trinke ich auch gern mal ein Gläschen mehr. Schließlich habe ich lang genug die eigenen Bedürfnisse hintangestellt.«

»Ein Gläschen?«, schnarrte sie zurück. »Gestern Abend waren es wohl zwölf zu viel.«

»Das sind Ausnahmen«, versuchte ich zu beschwichtigen. »Schließlich gehöre ich nicht zu denjenigen, die sich ein Versteck mit alkoholischen Getränken anlegen und bereits morgens das Zittern der Hände mit weiterem Alkoholkonsum bekämpfen müssen.«

»Noch nicht«, sagte sie respektlos. »Vielleicht solltest du dich mal an eine Selbsthilfeorganisation wie den Guttemplerorden oder den Kreuzbund wenden.«

»Einen Teufel werde ich tun«, sagte ich übel gelaunt. »Meine teuren Subskriptionen im Keller werde ich alle noch persönlich öffnen, dekantieren und ergriffen genießen.«

In dieser Hinsicht bin ich allerdings ein gnadenloser Überzeugungstrinker. Violetta schaute mich resigniert an.

»Hast du dich schon einmal einem Alkohol-Suchttest unterzogen?«

Auf diese Frage hatte ich gewartet.

»Du wirst es nicht glauben. Es ist jetzt knapp ein Vierteljahr her, da habe ich mich im Internet einem sogenannten Lebensberatungstest durch Psychotipps unterzogen. Achtundsiebzig Fangfragen, die trockendockgefährdete Personen mit Nein zu beantworten hatten. Dabei hatte ich nur vier – ja, du hörst richtig – vier Ja-Antworten und zwar bei so unverfänglichen Feststellungen wie ›Ich kann mit Alkohol besser aus mir heraus gehen‹, ›Mir ist aufgefallen, dass andere Leute anders trinken als ich‹, ›Wenn ich sehr viel getrunken habe, kann ich mich an manche Details nur noch verschwommen erinnern‹ und ›Ich nehme mir vor, nur zu bestimmten Zeiten und Gelegenheiten zu trinken‹. Hierzu stehe ich und somit lasse ich mich auch nicht in irgendeine Alki-Schublade stecken.«

Violetta schüttelte den Kopf.

»Rodolfo, du bist unverbesserlich. Ich darf dich vielleicht daran erinnern, dass ich unserer ersten Nacht in Florenz auch eine etwas andere Erwartungshaltung entgegengebracht habe, als weitgehend ruhelos neben einem sofort in einen archaischen Tiefschlaf fallenden und pavianartig Schnarchenden zu verbringen.«

»Scusi«, sagte ich und machte eine entschuldigende Handbewegung. »Das war sicher suboptimal. Heute Abend holen wir alles nach.«

Ich will es nicht verhehlen. Ohne drei Kopfschmerztabletten hätte ich diesen Vormittag wohl kaum überstanden. Es musste auch schon der eine oder andere Espresso dopio herhalten, um die leicht traumatisierte Gedankenwelt wieder zu beleben und der Stadt der Kunstschätze und Architektur die gebührende Aufmerksamkeit entgegenzubringen.

Bei den Schmuckhändlern auf der Ponte Vecchio erstand ich einen Ring für Violetta, in den sie sich augenblicklich vernarrt hatte. Ein Goldring mit einem himmelblauen Aquamarin … Ich hatte vom Vorabend her noch etwas gut zu machen.

Beim Gang durch die Uffizien erlaubte ich mir, Violetta kunsthistorisch behilflich zu sein, indem ich bei der Betrachtung der *Geburt der Venus* einfließen ließ, dass Botticelli gar nicht der richtige Name des Künstlers sei, sondern nur sein Spitzname und sein richtiger Name Alessandro di Mariano Filipepi. Das war des Guten zu viel.

»Halt dich bitte zurück mit deinen altväterlichen Belehrungen. Kümmere dich um deinen Masaccio und spiel hier nicht den Kunstpapst. Ich komme mit meinem Galerieführer schon zurecht. Ich glaube, es ist besser, wir trennen uns heute für einige Stunden und treffen uns später in dem großen Café auf der Piazza Michelangelo.«

Wahrscheinlich hatte sie recht, und ich hatte das große Glück, Tomaso Cassai, genannt Masaccio, in der Brancacci-Kapelle meine Aufwartung machen zu können. Die Fresken, die das Leben des

Apostels Paulus thematisierten, ließen mich ein wenig fassungslos zurück. Wie war es möglich, eine derartige Perspektive, praktisch ohne Vorbilder, in der Malerei der Frührenaissance zu entwickeln? Die Hürde, die Masaccio genommen hatte, konnte man aus meiner Sicht mit der Leistung eines Rechenkünstlers vergleichen, der den Versuch unternommen hätte, eine Mathematik ohne Zahlen zu entwickeln. Eine schöpferische Tat, die Masaccio zweifellos in die Kategorie der großen Genies einreihte.

Beklommen fragte ich mich, ob ich es im bisherigen Leben zu Kreativleistungen gebracht hatte, die über vage Lösungsansätze hinausgekommen waren. Man konnte es drehen und wenden, wie man wollte – meine Visionen befanden sich noch hinter beschlagenen Scheiben.

Die Piazza Michelangelo. Neben Fiesole auf der gegenüberliegenden Seite sicher der eindruckvollste Blick über die historische Altstadt mit dem Dom und seiner unvergleichlichen Kuppel im Zentrum. Violetta erwartete mich bereits.

»Ich liebe dieses Land. Und seit heute liebe ich auch ein bisschen Firenze. Aber nur ein bisschen.«

Lippenbekenntnisse einer ehernen Piemonteserin. Und das in kristallklarer Winterluft.

»Was hältst du von einem gemütlichen Cena im Restaurant unseres Hotels?«, fragte sie mit einem nur für mich eingängigen Hauch von Lüsternheit. Offensichtlich ein Angebot, dem gestrigen Abend des Weinexzesses nunmehr einen Exzess michelangeloider Titanenwucht folgen zu lassen.

Keine Frage, ich befand mich in einer Art Bringschuld seit dem Abend in der Enoteca. Auf gemeinsamen Reisen mit Violetta gibt es allerdings ein gravierendes Problem, das wir in den letzten Jahren im häuslichen Umfeld gelöst hatten. Dort schlafen wir nicht mehr im gleichen Zimmer, geschweige denn im gleichen Bett. Das hat nichts mit der Intensität und Häufigkeit unserer sexuellen Begegnungen zu tun. Violetta erträgt es einfach nicht, auf Reisen in einem Doppelbett neben mir angeatmet und (bedauerlicherweise gelegentlich) angeschnarcht zu werden.

Bei unserem letzten gemeinsamen Urlaub hatte sie ein Zweierbett bestellt, das auseinander gerückt werden konnte. Bei unserer Ankunft stellte sie jedoch fest, dass das Bett einen gemeinsamen Lattenrost aufwies und somit eine Bettentrennung nicht möglich war. Daraufhin wurden mir nächtliche Verhaltensregeln aufgetragen, die darin gipfelten, nicht in Richtung ihrer Schlafseite zu atmen. Behelfsweise wurde gelegentlich auch eine Wolldeckenbarriere auf der vermeintlichen Mittellinie des Bettes aufgetürmt. Jegliche nächtliche Drehung wurde mir untersagt. Hustenanfälle und gelegentlich auftretende Apnoen galten ebenfalls als unerwünscht. Erwartet wurden regelmäßige Atemzüge. Das galt aber erst für die postkoitale Phase, zumal die insbesondere von Violetta heraufbeschworene Geräuschkulisse immer wieder dazu angetan war, ganze Hotelkomplexe zu entvölkern. Zumindest glich das morgendliche Erscheinen im Frühstücksraum einer Art Spießrutenlauf. An manchen Tischen wurde gekichert und an anderen hinter vorgehaltener Hand geschimpft. Fallweise waren auch schon Diskriminierungen wie »Schamloses Pack« oder »Abschaum« zu hören. Diese Beleidigungen nahm ich mit einem genussvollen Lächeln zur Kenntnis und verleidete den Stänkerern den Appetit auf das Frühstücksei mit einem leicht dahin geperlten: »Gut geschlafen? Falls nicht – sollten Sie sich eine andere Dame zulegen.«

Mit getrennten Schlafzimmern habe ich ansonsten nur gute Erfahrungen gemacht. Die mit den Jahren gewachsene menschliche Reife, vielleicht aber auch nur die inzwischen abgeschliffeneren Sexualreflexe brachten es mit sich, die liebesergebene Löffelstellung nach einer angemessenen Erholungsphase letztlich wieder aufzugeben. Insofern war der Entschluss für getrennte Schlafräume von zwingender Logik, zumal nicht verschwiegen werden kann, dass der Lustabfall nach vollzogener Ausschweifung insbesondere bei mir dramatische Formen annehmen konnte. Ein alter Freund wusste hinsichtlich dieser Problematik allerdings Trost zu spenden, indem er bezüglich seiner Person darauf verwies, dass er eingedenk der von mir angedeuteten Spätfolgen sogar im Fall der Selbstbefriedigung immer die Schuhe anbehielte, um ihn daran zu erinnern, die Dame unbedingt noch nach Hause bringen zu wollen.

Natürlich gibt es auch andere zwingende Gründe für die Wahl der getrennten Schlafzimmer. In meinem Fall ist es der von Violetta völlig abweichende Biorhythmus. Violetta reklamiert für sich ab zweiundzwanzig Uhr ein intensives Schlafbedürfnis, während meine kreativen Höhepunkte sich seit Studientagen in die Nacht bis etwa ein Uhr verschoben haben. Darüber hinaus kann auch unter optischen Aspekten in der Trennung ein Vorteil gesehen werden, da mein unruhiger Schlaf dazu führt, dass ich morgens mit einer zu einem Giebeldach aufgetürmten Frisur und Zeichen deutlicher physiognomischer Verwüstung aufwache. Ich finde es sehr rücksichtsvoll von mir, dass ich meiner Partnerin den Einstieg in den neuen Tag nicht gleich mit einer Monsterdarbietung vermiese.

Diese glatten Abläufe lassen sich natürlich bei gemeinsamen Urlauben nicht in der zu Hause perfektionierten Form aufrechterhalten. Aber dafür ist eben Urlaub und der Mensch ohnehin entspannter als gewöhnlich – zumindest sollte es so sein.

Dafür gab es aber immerwährende Überraschungen nach der Ankunft beim Öffnen des Koffers. Wieder einmal hatte ich vergessen, Socken einzupacken, das Ladegerät für das Mobiltelefon lag zu Hause bei mir auf dem Schreibtisch, der Akku des Elektrorasierers reichte gerade noch für fünf Minuten. Das Ladekabel steckte natürlich zu Hause in der Badezimmersteckdose.

»Ich glaube, du wirst langsam alt«, sagte Violetta.

Das ist genau die Art von Bemerkungen, auf die ich am ehesten verzichten kann.

In Florenz mieteten wir ein Fahrzeug und setzten unsere Reise durch das Gebiet des Chianti Classico in Richtung Siena fort. Wir fuhren über Greve und passierten die klassischen Tenutas des Gallo-Nero-Gebietes.

Violetta saß wie ein Verkehrszerberus neben mir und mahnte laufende Überschreitungen von Geschwindigkeitsbeschränkungen an. In ihren Augen war ich ein Raser. Zuweilen bat sie mich, den Wagen in einer Straßennische abzustellen, um ungestörte Fotos von den goldgelben Rapsfeldern und Zypressenhainen der Toskana zu schießen. Seitdem sie über eine Digitalkamera verfügte, wurden Landschaften und Menschen in allen Versionen auf die Platte gebannt. Leider sah ich nie ein Bild davon, das man ins Fotoalbum hätte einkleben können. Dafür gäbe es ja den Computer, und ich könne alles in Nullkommanix durchklicken.

Auf solche Fotoerlebnisse könne ich scheißen, sagte ich grob und erntete mit dieser Einlassung Blicke, die mich auf der Stelle zum Neandertaler abstempelten.

In Siena bezogen wir ein kleines Hotel in der Nähe der Piazza del Campo, des Austragungsorts des berühmten Palio. Diese noch weitgehend in ihrer Mittelalterlichkeit erhaltene Stadt ist gegliedert in drei Terzi (Drittel), in denen mehrere Contraden (Stadtteile) zusammengefasst sind. Wir wohnten im Terzio de Camolia und unser Wirt erzählte pausenlos Geschichten von den Palio-Siegen seiner Contraden, wobei die Pferde noch vorher kirchlich gesegnet wurden. Schön, wenn auch von höherer Seite noch etwas mitgeholfen wird.

Zurzeit fand zwar kein Palio statt, aber angesichts der kleinen Restaurants rund um den Campo verließ Violetta das piemontesische Nationalbewusstsein.

»Dies ist der schönste Platz der Welt«, sagte sie überwältigt, und ich nickte zustimmend.

Dabei kam ihr das soeben vom Oberkellner vermittelte Wissen entgegen, dass Siena sich von jeher mit Florenz in einer großen Rivalität, ja Feindschaft befunden hatte, sowohl in politischer, wirtschaftlicher als auch künstlerischer Hinsicht. Der Oberkellner wusste auch die gemeinsame Abneigung auf einen euphorischen Höhepunkt zu bringen, als er so ganz nebenbei beim Absetzen der Eineinhalbliterkaraffe *Chianti Colli Sinesi* erwähnte, dass 1260 in der Schlacht von Montaperti die Florentiner eine verheerende Niederlage hinnehmen mussten. Die historische Tatsache, dass Siena 1557 letztlich als Lehen an Cosimo den ersten der Medici gegeben wurde, unter dem es zum Teil des Großherzogtums Toskana mutierte, verschwieg der Oberkellner allerdings geflissentlich.

»Es ist gut, dass wir Florenz den Rücken gekehrt haben«, sagte Violetta.

Ich hatte mir nie vorstellen können, dass eine in Deutschland zur Frau gereifte Italienerin zu derartigen Hasstiraden in der Lage sein könnte, aber offensichtlich herrschte zwischen Florenz und Turin schon seit langer Zeit ein eisiger Wind.

Am nächsten Tag besichtigten wir die klassischen Sehenswürdigkeiten Sienas wie den Zebradom und das Museo del Opera del Duomo. Der abendliche Spaziergang durch die spärlich beleuchteten mittelalterlichen Gässchen der Innenstadt löste allerdings bei Violetta Angstgefühle aus.

»Diese Szenerie erinnert mich irgendwie an den Film aus Venedig, *Wenn die Gondeln Trauer tragen*. Ich habe das Gefühl, hinter jeder Ecke könnte plötzlich ein roter Gnom mit einem Messer auftauchen.«

»Dabei ist doch John und nicht Laura ermordet worden, außerdem war das kein Gnom, sondern eine Zwergin. Aber das beweist mal wieder anschaulich, dass man sich als Mann selbst vor Frauen im Zwergenformat in Acht nehmen muss.«

Doch bevor mir Violetta in ihrer feinzüngigen Art antworten konnte, rieselte von den Torbögen eine Staubwolke herab. Die alten Mauern schienen etwas von ihren Geheimnissen preisgeben zu wollen. Violetta drängte sich enger an mich. Dann spürte auch ich die Gefahr. Bei dem Schummerlicht konnte ich die Gesichtszüge des Mannes nicht sehen. Aber schlagartig wurde mir bewusst, dass seine Augen auf mich gerichtet waren. Der Schlag traf mich mitten ins Gesicht und zertrümmerte meine Brille. Ich stürzte zu Boden. Ich hörte den gellenden Aufschrei Violettas und dann das in den Torgängen verhallende Stakkato sich schnell entfernender Schritte.

Für einen kleinen Moment blieb ich benommen am Boden liegen. Violetta kniete neben mir. Sie legte ihre Jacke unter meinen Kopf. Ich blutete aus der Nase. Es war übrigens eine rote Jacke.

»Bist du okay?«, fragte sie erschrocken.

»Weiß nicht«, antwortete ich, während ich meinen Nasenrücken abtastete. »Ich glaube, es ist nichts gebrochen. Aber die Brille ist Schrott.«

Violetta strich mir übers Haar.

»Er hat meine Handtasche gestohlen. Kreditkarte, Pass und etwa zweihundert Euro sowie die üblichen Kosmetika. Alles weg.«

Mit Violettas Hilfe gelang es mir, wieder auf die Beine zu kommen.

»Kannst du gehen?«

Ich nickte. Wir müssen zur nächsten Carabinieri-Station.

Violetta wählte eine Notrufnummer mit meinem Mobiltelefon. Kurze Zeit später waren zwei Uniformierte vor Ort. Sie fuhren uns zu einem Unfallarzt, der eine schwere Prellung diagnostizierte und mir ein schmerzstillendes Mittel mitgab.

Den Hergang des Überfalls gaben wir auf der Polizeiwache zu Protokoll. Violettas Kreditkarte wurde gesperrt. Die Beamten waren sogar so zuvorkommend, dass sie uns mit dem Dienstwagen vor einer Osteria absetzten.

»Netter Empfang hier«, knurrte ich. »Siena hat irgendwie was. Schöner kann's woanders kaum sein. Ich glaube, heute Abend lass ich mich volllaufen: mein Einstieg in die palliative Medizin.«

In der Tat war mit der Nase wenig Staat zu machen. Rot angeschwollen und unter dem linken Auge zeichnete sich unübersehbar ein Veilchen, von Violetta auch wenig barmherzig als Taucherbrille betitelt, ab. Die Schmerztabletten ließen in ihrer Wirkung gleichfalls zu wünschen übrig, und da fügte es sich gut, dass der Padrone, nachdem er die näheren Umstände meiner physiognomischen Heimsuchung in Erfahrung gebracht hatte, mit den *Grappe de la Casa* überaus generös daherkam. Wie er denn ausgeschaut habe, der Verbrecher, vielleicht kenne er ihn.

Leider konnte ich in dieser Hinsicht schon aufgrund der eingeschränkten Lichtverhältnisse in den Gassen keinerlei aufklärerischen Beistand leisten, zumal jetzt auch noch meine Brille nur mehr ein Torso war. Die im Hotel zurückgelassene Ersatzbrille konnte da nur Trost und Hoffnung für den Rest der Toskanareise sein.

Inzwischen stellten sich bohrende Kopfschmerzen ein, und ich begann, die pochenden Schläfen mit den Fingerspitzen zu massieren. Eine Erfahrung hatte dieser Faustschlag ebenfalls gebracht: Meine Reflexe ließen arg zu wünschen übrig. Allerdings fehlten mir hier mangels bezogener Prügel in den vergangenen Jahren objektive Vergleichsdaten. Gegen das unaufhaltsame Verrinnen der Zeit gab es andererseits ohnehin kein Wundermittel. Nachdenklich schaute ich Violetta an. Wie weit hatte ich mich schon von den Vorstellungen entfernt, die ich als einen gangbaren Lebensweg für mich aufgerufen hatte? Welche Formen alltäglicher Zwänge hatten mich von diesem Weg bereits abweichen lassen? Ist es nur eine unmerkliche Form des Alterns oder der Furcht davor, von einem Kompromiss in den nächsten zu stürzen? Auch sie, Violetta, war gewissermaßen eine Weiche auf dem Verschiebebahnhof meines irdischen Wanderweges. Allerdings – dem Weichensteller sei Dank.

Offensichtlich sind es immer wieder Zufälle, die unser Fühlen und Denken nicht unbeschadet überstehen lassen. Dabei träumte ich gelegentlich von einer Ordnung der Zufälle. Nutzloses Wunschdenken. Das Chaos ist Fakt. Es verbleibt letztlich die fatalistische Erkenntnis, das Leben in all seinen Facetten so anzunehmen, wie es eben daherkommt. Zum Glück gibt es ja immer noch hirntechnisch eigenständige Gestaltungsmöglichkeiten. So man es denn benutzen will, das Hirn, von dem keiner weiß, wie es funktioniert und wie viel der eine oder andere davon hat und ob die

Quantität überhaupt etwas bedeutet, oder ob die Schläue von der Anzahl der Synapsen abhängt und das ganze Gekröse im Alter schrumpft oder nur der tägliche Konsum von Tabak, Alkohol, Sex und Partnerstress hier Stauwirkungen wie auf der A1 zwischen Lohne und Dinklage provoziert.

In der von uns aufgesuchten Osteria hatten wir einen Tisch im hinteren Teil des Restaurants gewählt. So wurde mein gezeichnetes Gesicht nur von den Gästen wahrgenommen, die zwischenzeitlich die in unmittelbarer Nähe gelegene Toilette aufsuchten. Nach der Inkorporierung der vom Hause offerierten Grappe stellte sich ein erster Abstand zum abendlichen Brutalogeschehen ein.

»Deine Phobie vor dunklen Plätzen hat sich offensichtlich zu einer sich selbst erfüllenden Prophezeiung entwickelt«, sagte ich zu der wie traumatisiert wirkenden Violetta.

Die prompte Umsetzung ihrer Angstvision hatte bei mir eine Art parapsychologische Erlebniswelt hervorgerufen, wobei ich gern darauf verweise, esoterisch bedingten Handlungsabläufen durchaus reserviert gegenüber zu stehen.

»Du solltest dich in Zukunft mit deinen negativen Fantasien etwas zurückhalten. Es gibt ja auch noch anerkannte Muskelentspannungs- und diverse Atemtechniken, mit denen du lernen kannst, deine Ängste zu bewältigen.«

Violetta schaute mich ungläubig an.

»Gibst du jetzt mir die Schuld für den Überfall?«

»Nun reg dich nicht auf. Du bist eine schlanke Frau. Deine Nerven sind nicht in Fett gebadet. Wir müssen hieraus nur lernen, derartige traumatische Erlebnisse zu verarbeiten und abzuhaken. – Salute«, sagte ich und stürzte einen weiteren doppelten Grappa in einem Zug hinunter.

Violetta nippte unschlüssig an ihrem Glas.

»Ekelhaft«, sagte sie, »ich habe dieses Zeug noch nie gemocht. Aber heute ist es reine Nervennahrung.«

»Ich glaube, es würde mir ein wenig Freude bereiten, diesen Strolch langsam in Schwefelsäure aufzulösen«, sagte ich unvermittelt.

Violetta sah mich entsetzt an.

Beschwichtigend fügte ich hinzu:

»Mach dir keine Gedanken, das ist der Romantiker in mir.«

Nach dem Essen bestellten wir ein Taxi und ließen uns direkt vor unserem Hotel absetzen. Einen weiteren Fußmarsch durch die Altstadt konnte ich Violetta nicht zwingend schmackhaft machen.

In dieser Nacht hatte Violetta offenbar das Bedürfnis, mich für die erlittenen Qualen auf das Angenehmste zu entschädigen. Dabei vermied ich es bewusst, sie zu küssen. Ein Kontakt unserer Nasenflügel hätte vermutlich eine schlagartige erektile Dysfunktion ausgelöst. Aber meine diesbezügliche Besorgnis erwies sich als unbegründet. Mein Kopf und die in Liebespielen so geschätzte Zunge konnten in voyeurhafter Passivität verharren. Violetta erledigte den Rest mit einer Geschmeidigkeit, ja beinahe Akrobatik, dass ich in meiner selbst verordneten Rückenlage, einer paschahaften Position, an der ich immer häufiger in den letzten Jahren stille Freude empfand, alle kontraproduktiven Fantasien aufwenden musste, um nicht das jugendliche Desaster einer Ejakulatio praecox zu erleiden. Zur Bewältigung dieser prekären Situation rief ich mir meinen alten verhassten Mathematiklehrer ins Gedächtnis oder schlimmer noch: malte mir eine Last-Minute-Niederlage meines Lieblingsvereins Werder Bremen aus.

Die von Violetta inszenierte Geräuschkulisse und die konvulsivischen Bewegungen ihres Unterkörpers erhellten dann doch merklich die verdüsterte Gedankenwelt und gaben dem Gefühl Raum, auf einem guten Wege zu sein. Vielleicht verdankte ich ja sogar dem Attentäter diese Ekstase der Beiwohnung und musste dem Mann nachträglich auch noch dankbar sein.

»Va bene«, sagte ich, »Liebling, du warst wunderbar, aber ich glaube, morgen fliegen wir hier raus.«

Violetta rang nach Atem.

»Vergiss es, das ist unsere letzte Nacht in Siena. Ich werde den Frühstückssaal gar nicht erst betreten. Nach dem Checkout frühstücken wir am Campo.«

Irgendwie anbetungswürdig, diese Dame aus dem Piemont.

Bei Tag hatte dieses Siena doch ein weitaus friedvolleres Gesicht. Ein Frühstück an der Piazza del Campo mit dem Blick auf den Palazzo Publico, das sienesische Rathaus mit seinen schlanken Türmen – das alles hatte etwas Versöhnliches. Dennoch zog es uns weiter ins toskanische Hinterland, und wir beschlossen, dem Städtchen San Gimigniano einen Besuch abzustatten.

Schon aus der Ferne erblickten wir die berühmten Geschlechtertürme auf dem Hügel, der sich wie ein Felsen in die flache Landschaft erhebt.

»Das Manhattan des Mittelalters«, brachte ich es ins Bild.

In San Gimigniano kauften wir einige Flaschen des beliebten Vernaccia-Weines und leerten während des Mittagessens zwei Karaffen der Toplage *Terre di tuffi*. Anschließend wurde ich müde und schlief im Lokal ein. Violetta geleitete mich mit sanfter Gewalt aus der Trattoria und setzte mich an der Piazza della Cisterna ab, wo ein mittelalterlicher Brunnen eine behagliche Atmosphäre von Kühle verströmte. Weinselig schaute ich in die Tiefe der Zisterne und wurde Zeuge eines verselbstständigten Nasentrips meiner Sonnenbrille, die wie ein leckgeschlagenes Schiffchen langsam im dunklen Wasser versank. Diese Reise hatte für meine Brillen offenbar viele Überraschungen parat. Doch meine Freude darüber hielt sich durchaus in Grenzen.

Ich überflog die Möglichkeiten, den Toskana-Trip vielleicht kurzfristig zu beenden. Im Sonnenglast der Mittagszeit verlor ich allerdings, da ohne Sonnenbrille, Violetta aus den Augen, die sich auf das Werben einer Wahrsagerin hin ans Ende der Piazza begeben hatte. Schlagartig dachte ich an eine Entführung. Vielleicht war der Strolch von Siena uns bis hierhin gefolgt, um sein kriminelles Werk zu vollenden. Ich erhob mich von der steinernen Bank des Brunnens, reckte mich zu voller Größe auf und versuchte durch eine kurze Schattenboxeinlage einen wehrhaften Eindruck zu erwecken. Dann kam mir Violetta entgegen.

»Hast du den Verstand verloren?«, rief sie mir schon von Weitem zu.

»Ich arbeite an meiner Fitness«, antwortete ich lakonisch. »Wo warst du überhaupt?«

»Ich habe mir eine Prophezeiung von einer Wahrsagerin geben lassen.«

»Schön für dich«, knurrte ich. »Hat sie auch gesagt, wann ich wieder was auf die Fresse kriege?«

»Jetzt reg dich nicht auf, Rodolfo. Alles wird gut. Die Kartenlage war eindeutig.«

Wir fuhren weiter in Richtung Lucca, legten aber noch eine Zwischenstation auf dem von Erosionen zerfurchten Bergstück des Gebietes Le Balze in der kleinen Stadt Volterra ein. Es war Violettas Wunsch, dieser Stadt einen Besuch abzustatten, da sie für einige Freundinnen in Deutschland Einkaufswünsche von Alabaster-Artikeln zu erfüllen gedachte. Ich selbst fand Gefallen an einigen sehr dekorativen Alabasteraschenbechern. Doch da Violetta mich mit dem Entzug der von mir hoch geschätzten Annäherungsrituale bedroht hatte, war die gemeinsame Behausung rauchfreie Zone geworden, weshalb ich mir die Aschenbechermitbringsel abschminken konnte. Während Violetta diverse Läden und Ausstellungen von Alabasterschnickschnack durchkämmte, genoss ich den Blick auf die Überreste des Teatro Romano dieser ursprünglich etruskischen Stadt.

Dann zog es mich wieder in die engen Gassen des Stadtkerns. Wenn es schon keinen Aschenbecher in Alabaster für mich gab, so könnten auch einige etruskische Gegenstände mein Kaufinteresse wecken. Die Originalstücke aus den etruskischen Nekropolen kamen natürlich nicht in Betracht. Aber es gab einige hübsche Nachbildungen, die ich als Zierrat für eine Bücherwand auswählte. Die Figuren hatten schon so viel Patina angesetzt, dass man sie durchaus für echt halten konnte.

Während der Weiterfahrt nach Lucca geriet ich mit Violetta in eine lebhafte Auseinandersetzung, wer von uns nun wohl den größeren Kitsch eingekauft hatte. Bizarrerweise hatte Violetta in einem Anfall von österlichem Sendungsbewusstsein zwölf unterschiedlich kolorierte Alabastereier erworben. Man konnte nur hoffen, dass diese nicht irgendwann als gemeingefährliche Wurfgeschosse gegen einen vermeintlich altersstarrsinnigen Lebensgefährten eingesetzt würden.

In Lucca durchquerten wir eines der vier Tore der alten Befestigungsanlage. Im historischen Teil der Stadt quartierten wir uns im Hotel *Universo* ein. Nach dem Cena unternahmen wir noch einen Spaziergang über die Piazza Napoleon und die Piazza San Michele, um schließlich auch noch den berühmten Torre delle Ore in Augenschein zu nehmen.

Von Kunst und Altertum überwältigt sanken wir in unsere Hotelbetten, um durch ein gnadenloses Sirenengeheul aus unserer ersten Tiefschlafphase herausgerissen zu werden. Es war die Alarmanlage unseres Mietwagens. Ein Autoknacker hatte hier einen untauglichen Versuch gestartet, unsere Weiterfahrt jäh zu beenden. Wir hörten das Getrappel sich schnell vom Tatort entfernender Schritte und das Gebell eines aufgescheuchten Hundes, das auf der menschenleeren Piazza lautstark widerhallte. Nach einem komatösen Schlaferlebnis für weitere zwei Stunden wiederholte sich die Veranstaltung. Offenbar hatte der Dieb inzwischen Verstärkung eingefordert. Ich riss das Fenster unseres Hotelfensters auf und schleuderte den Inhalt einer wassergefüllten Keramikschüssel in die Tiefe. Den flüchtenden und auch fallweise begossenen Tätern schickte ich noch lautstark ein gnadenloses *Vai-via, sporco criminale!* hinterher. Der Hund bellte wieder hysterisch. Dann war Ruhe.

Ein erholsamer Nachtschlaf sieht anders aus. Wir verließen Lucca am nächsten Morgen. Nach einem Umweg in die nahe gelegenen Marmorbrüche von Carrara in den apuanischen Alpen steuerten wir als letzte Station unserer Toskanareise das kleine Städtchen Vinci, den Geburtsort Leonardos, an.

Ein eisiger Wind pfiff über die Berghöhe, als wir das Mietfahrzeug neben dem Geburtshaus, das jetzt als Museum dient, abstellten. Aufgrund der beißenden Kälte waren wir seit Tagen offenbar die einzigen Besucher, die um diese Jahreszeit der sehr unwirtlichen Gegend ihre Aufwartung machten.

Umso enthusiastischer führte uns der Principale des Museums durch die Räumlichkeiten und erläuterte jedes Ausstellungsstück im Detail. Da das Haus jedoch nicht geheizt war, konnten wir nur eine zähneklappernde Kurzwürdigung der Reliquien des Allroundgenies vornehmen und waren froh, als wir wieder in unserem heizbaren Mietwagen saßen. Leonardo hätte an diesem Tag wohl besser eine kältegestählte sibirische Besuchergruppe als die schlotternde deutsch-italienische Allianz verdient gehabt.

Die Großtaten Leonardos warfen allerdings die Frage auf, wie und wo man selbst hätte persönliche Erleuchtung finden können auf dem nun schon in den dritten Abschnitt zusteuernden Lebensweg. Die ersten beiden Drittel waren ja schon weitgehend verpfuscht, aber vielleicht konnte man sich ja noch auf ungeahnte zwischenmenschliche Höhepunkte in der geschlossenen Abteilung, oder wo immer man später landen würde, gefasst machen.

Nachdem wir uns im Leonardo-Museum noch durch unsere Unterschriften im Besucherbuch verewigt hatten, setzten wir den Schlusspunkt unserer Toskanareise und fuhren direkt zum Flughafen von Florenz. Wenig später stiegen wir in den Flieger und kehrten nach Deutschland zurück.

9

Mariella hatte während der Zeit unseres Toskana-Urlaubs bei einer befreundeten Familie gewohnt. Sie hatte unsere Abwesenheit genossen, da sie sich mit ihrer besten Freundin ein Zimmer teilen durfte und die gastgebenden Eltern überhaupt sehr großzügig waren, insbesondere was die Gewährung der musikalischen Bedürfnisse und die Einhaltung der Schlafzeiten betraf.

Violetta hingegen achtete grundsätzlich streng darauf, dass ihre Tochter während der Schulzeit um einundzwanzig Uhr die sogenannte Licht-aus–Zeit einhielt, ein Umstand, der immer wieder zu lautstarken Auseinandersetzungen zwischen Mutter und Tochter führte. Auf der nach unten hin offenen Schlaftoleranz-Skala nahmen wir offensichtlich im Vergleich zu anderen Erziehungsberechtigten einen Platz in Abgrundtiefe ein.

Jetzt allerdings stand Weihnachten vor der Tür, und die Aussicht auf Geschenke und Weihnachtsferien verbesserten Mariellas Laune deutlich. Auch das weihnachtliche Ausschmücken der Wohnräume – ein Vorgang, an dem ich mich nicht beteiligte – erledigte sie mit Violetta ungeachtet gelegentlicher Zwischenfälle geradezu begeistert.

Die beiden Frauen verwandelten die Wohnung in eine Art Weihnachtsbazar. Es wurden Kerzenbögen ins Fenster gestellt, Minitannenbäume aus Kunststoff illuminiert und aus Tannenzweigen zusammengesteckte Girlanden aufgehängt, in die kleine Lichterketten eingeflochten waren. Aus reinem Spaß am Schabernack schraubte ich manchmal eine einzige Minikerze los und legte damit die gesamte Lichterkette lahm. Anfangs merkten sie nichts, doch irgendwann fiel der Verdacht auf mich. Der Saboteur im eigenen Haus. Das wurde mir unversehens heimgezahlt durch Verstecken meiner für den Abend vorbereiteten Flasche Rotwein. Eine abgrundtiefe Gemeinheit einem älteren Herrn gegenüber, die man getrost als Überreaktion bezeichnen darf.

Aber auch ich hatte eine verantwortungsvolle Aufgabe zum Fest der Liebe übernommen. Einige Herren aus meinem Freundeskreis hatten einen sogenannten Tannenbaum-Einkaufsverein gegründet. Dieser Verein, dem fünf Mitglieder angehörten, hatte es sich zur Aufgabe gemacht, einen Tag vor Heiligabend eine gemeinsame Einkaufstour für den zum Fest unabdinglichen Weihnachtsbaum durchzuführen. Dazu traf man sich morgens um zehn Uhr auf einem der zahlreichen Weihnachtsbaummärkte, wo jeder für sich den ihm genehmen Baum erstand. Dabei wurde jeder Baumkauf von den fachkundigen Mitgliedern hinsichtlich aller Qualitätsmerkmale wie Höhe, Breite, Nadelform und Baumspezies akribisch protokolliert und das Protokoll archiviert. Anschließend wurde das Ereignis in der nächstliegenden Kneipe gebührend begossen, die Bäume als Handgepäck selbstverständlich mitgeführt. Dabei blieb es jedoch nicht. Die Mitglieder, ein ehemaliger Oberstaatsanwalt, ein Reeder, ein Bäcker, ein früherer Profifußballer und ich, wechselten nach einigen Runden in das nächste Lokal. Auch hier standen Glühwein und einige Hochprozenter zur Vernichtung an. Da die urbane Struktur ein vielfältiges Kneipenangebot aufwies, blieb auch den Tannenbäumen nichts erspart: Bis in die Abendstunden hatten sie als Schmuck und Zierde der heimischen Wirtshausszenerie zu dienen.

Als die Mitglieder des Tannenbaum-Einkaufsvereins wieder das häusliche Umfeld betraten, fiel die Präsentation des Zielobjektes eher dürftig aus. Einige allerdings tauchten ganz ohne Tannenbaum auf, ohne dass sie in der Lage gewesen wären, exakte Auskunft über dessen Verbleib zu geben. Wieder andere präsentierten eine Fichtenholzruine, die den Namen Tannenbaum selbst bei größtem Wohlwollen nicht mehr verdiente. Auch in meinem Hause hielt sich die Begeisterung in Grenzen, als ich eine Nordmanntanne mit abgebrochener Spitze vorzeigte. Im Gegenteil, ein wahres Arsenal italienischer Flüche wurde über mich ausgeschüttet, deren Wiedergabe ich mir aus Gründen der Scham und des Unverständnisses versage. Der Baum wurde am nächsten Morgen auf dem Komposthaufen im Garten deponiert. Dieses Mal wurde mir Mariella an die Seite gestellt, um den Tannenbaumeinkauf zu einem erfreulichen Ende zu führen.

Zwei Mitgliedern des Tannenbaum-Einkaufsvereins blieb ein solcher Neueinkauf übrigens erspart, da die verloren gegangenen Prachtstücke nach diversen Rückfragen in einschlägigen Lokalen erfreulicherweise noch ausfindig gemacht werden konnten.

»Eine völlig sinndefizitäre Rentneridee«, musste ich mir von Violetta anhören, dabei ließ sie völlig außer Acht, dass dieser Tannenbaum-Einkaufsverein schon seit mehr als zwanzig Jahren bestand, also ein Gründungsdatum aufwies, an dem die beteiligten Herren noch in Amt und Würden waren.

Ansonsten hatte das Weihnachtsfest gegenüber meiner Jugend viel von seinem Zauber verloren. Jedenfalls ging mir die vom perfiden Kommerzdenken beherrschte sogenannte Vorweihnacht, bei der bereits im Oktober erste Weihnachtsmänner und Dekorationen in den Kaufhäusern baumelten, sowie das ständige Geplärre von White und Last Christmas gewaltig auf die Nerven.

Der Austausch von Geschenken hatte dagegen etwas Versöhnliches und trug in Verbindung mit kulinarischen Genüssen zum Gute-Laune-Effekt des Heiligen Abends bei.

Von der religiösen Komponente dieser Festtage hatte ich mich indes schon vor langer Zeit verabschiedet. Warum sollte ein ausgewiesener Atheist unter Wahrung einer christlichen Attitüde hier auch den schleimigen Heuchler geben? Seit meiner Jugendzeit war ich nicht mehr in einer Kirche und da wollte ich auch niemals hin.

Das familiäre Miteinander, die traditionellen Essensgebräuche, die vom Wunschzettel geprägte Erwartungshaltung Mariellas, das waren Momente, die es jetzt zu genießen galt. Die freien Tage waren natürlich auch nicht zu verachten. So gesehen blieb der Heilige Abend ein angenehmer und besinnlicher Anlass, der Kernfamilie nahe zu sein und friedensblindes Gedankengut zu verströmen. Das konnte auch dadurch nicht vermiest werden, dass uns eine Heimsuchung durch verwandtschaftlich bedingte Besuche oder Gegenbesuche aufgebürdet wurde, da sowohl meine als auch Violettas Eltern das Zeitliche bereits gesegnet hatten. Sicher gab es im piemontesischen Alba noch einige Verwandte, aber die Kontakte waren doch nur loser Natur. Es existierte noch ein Bruder Violettas, der aber vor vielen Jahren schon in die Vereinigten Staaten ausgewandert war. Zu dem Vater von Mariella bestanden überhaupt keine Kontakte mehr, sah man einmal von den mehr oder weniger regelmäßig eingehenden Unterhaltszahlungen ab.

Zum Ausklang des Jahres hatte uns eine Silvestereinladung der Eltern einer Freundin Mariellas erreicht. Wenn schon die Jugendlichen feiern, wäre doch ein Kennenlernen der Erziehungsberechtigten bei diesem Anlass nicht die schlechteste Idee. Es gäbe Fondue, und auch interessante Personen aus dem Freundeskreis wären dabei. So die überbrachte Botschaft der Gastgeber, der Familie Kropp. Von Herbert Kropp wusste man, dass er in kurzer Zeit ein Vermögen mit der Aufstellung von Automaten verdient hatte und es durch Kauf und Vermietung von Wohnungen permanent vervielfachte. Und dieses Geld gab er dann auch wieder mit vollen Händen aus. Ein Gesellschafts-Sonnengott.

Die Gästeliste umfasste darüber hinaus den kurz vor der Pensionierung stehenden Oberstaatsanwalt Hesemann und Gattin sowie einen Freund der Familie, den Ernährungswissenschaftler Erich Krause.

Der Name Krause sagte mir etwas. Er war erst kürzlich durch die Gazetten gegeistert, als Krause ein neues revolutionäres Werk für den Fitness- und Wellnessbereich angekündigt hatte mit dem Titel *Fit mit Alkohol – das ultimative Bodykonzept.*

Die Gegenwart des leicht umstrittenen Trophologen auf der Silvesterparty hätte beinahe Violettas Absage zur Folge gehabt. Es gelang mir aber, sie mit dem Hinweis zu beschwichtigen, dass sie mich nach dem Gespräch mit Krause vielleicht nicht mehr nur als den maßlosen Genussmenschen und redundanten Weinkonsumenten, sondern möglicherweise als Fackelträger einer neuen Gesundheitsbewegung erleben würde. Das könne man ja nicht von vornherein ausschließen. Anhören müsse man sich das allemal.

Man solle nur gute Laune mitbringen, verbreitete Frau Kropp im Vorfeld. Für das leibliche Wohl, Tischfeuerwerk, Bleigießen und die eine oder andere Überraschung sei auf jeden Fall gesorgt. Das mitternächtliche Feuerwerk wolle man anschließend mit den Jugendlichen veranstalten. Auf die ganz große Garderobe könne verzichtet werden, zumal die Gastgeber auch an rote Pappnasen und Melonenhütchen dächten.

Ich hatte mit den Tränen zu kämpfen: Silvester wie in meinem Elternhaus. Das war mit Violetta natürlich nicht zu machen. Als Italienerin besaß sie ein ungebrochenes Verhältnis zur Grundidee der Bella Figura. Da musste man sie einfach gewähren lassen. Andererseits war ich froh, dass ich mir den konservativen Touch mit Smoking und dergleichen ersparen konnte, und wählte eine Anzugkombination mit einer dem Anlass angemessenen grellbunten Krawatte.

Schon beim Betreten des Kroppschen Hauses wurden wir als kleiner Willkommensscherz des Hausherrn mit einem Konfettiregen überschüttet, der sich noch tagelang in allen Körperbereichen wiederfand. Die Wohnung war in einen Dschungel von Papierschlangen eingehüllt, und schon beim ersten Zuprosten mit dem unvermeidlichen Prosecco ließ der etwas einfältige zwölfjährige Sohn der Gastgeber einen Kanonenschlag im Wohnzimmer hochgehen, der Frau Hesemann zwischen die Beine fuhr und den Nylonstrümpfen den Garaus machte. Doch die Elternliebe zum Jahresende war einfach grenzenlos.

»Er freut sich halt so sehr, der Karli. Auf das Feuerwerk«, sagte Frau Kropp, die mit der verstörten Oberstaatsanwaltsgattin im Schlaftrakt verschwand und aus ihren Beständen mit neuen Beinkleidern aushalf.

Violetta war kreidebleich auf das nächste Sofa gesunken und schüttete den Rest ihres Proseccos in eine Blumenvase. Töchterchen Mariella machte dies natürlich gar nichts aus. Sie kreischte vor Vergnügen. So war für jeden etwas dabei.

Ich bekam einen Tischplatz neben einer Dame mit ausdruckslosem Gesicht und einer aus den Fugen geratenen Figur zugewiesen. Ihr Mienenspiel kündigte einen bevorstehenden Übergang zur totalen Verhärmung an.

Violetta durfte die unmittelbare Gesellschaft des Trophologen Krause genießen.

Meine Tischdame schien der Parteifraktion der Grünen nahezustehen und erwärmte mein Herz mit altruistischen Bemerkungen wie: Mir kann es doch nicht gut gehen, wenn es dem Nächsten schlecht geht. Sie beteuerte, dass sie immer offen auf die Menschen zuginge und ihnen Vertrauen entgegenbrächte. Das sei aber leider schon oft missbraucht worden.

»Wieso das?«, fragte ich.

»Indem man mein Vertrauen gegen mich verwendet hat«, entgegnete sie.

Wer wollte das schon hinterfragen? Offen gestanden: Bei dieser Betroffenheits- und Innerlichkeitssuada kaute man nicht gerade vor Spannung an den Nägeln. Aber möglicherweise bin ich auch nur ein sackgrober Macho, der aus der sozialen Kälte kommt.

Frau Kropp bat zum Essen. Serviert wurde ein Fondue Bourguignon, bei dem akkurat auf zwei Platten dargebotene Stücke von Rind- und Schweinefilet nach einer Brutzelphase in einem mit flüssigem Palmin bestückten und beheizten Kessel in eine Unzahl verschiedener Soßen getunkt wurden. Leider kam es bei diesen Prozeduren immer wieder zu Verhakelungen der Fleischgabeln, was dazu führte, dass mundgerechte Bissen in bester Garverfassung zurück in den Topf fielen und am Kesselboden zu Schuhsohlen mutierten. Ich selbst durfte dabei die schöne Erfahrung machen, dass sich gleich drei Fleischspieße derart miteinander verhedderten, dass die von den jeweiligen Gabelhaltern eingesetzte Befreiungsenergie dazu führte, ein frisch gebratenes Fleischstück zu verselbstständigen, um nach einem schönen Bogenflug auf der Brille des Oberstaatsanwalts zu landen. Dadurch ging einiges von der charismatischen Strahlkraft des Mannes der Justiz verloren. Herr Kropp nutzte dies schamlos aus, um mit seiner Digitalkamera ein Erinnerungsfoto zu schießen.

Der guten Stimmung tat dies allerdings keinerlei Abbruch. Auf Drängen Violettas plauderte nun auch Herr Krause bereitwillig einige Geheimnisse seines Body-Maintainance-Planes aus, das heißt, wie der nach vierzehntägiger Alkoholanflutung (ohne feste Nahrungsaufnahme außer Vitaminen und Spurenelementen in Pillenform) verschlankte Körper für den Rest seiner Tage auf die Überlebensspur gebracht werden konnte.

»Mein Body-Shaping-Programm«, erläuterte Krause, »setzt bei Männern einen BMI (Body-Maß-Index) von mindestens fünfunddreißig voraus. Damit sind adipöse Schwabbelgeschwader der verheerendsten Art angesprochen. Sozusagen Menschen ohne Kleidergröße. Es braucht halt nur eine ordentliche Leber – dann geht das alles in Ordnung, dröhnte der Trophologe. Zwei Liter Wein am Tag, wahlweise weiß, rot oder rosé oder eine Flasche Cognac oder Whiskey tun es auch. Aber nicht nur saufen«, lächelte er maliziös, »ohne ein vernünftiges Workout geht es nicht: fünfzehn Kniebeugen morgens vor dem ersten Schluck und fünfundzwanzig Liegestütze abends auf den Zehenspitzen nach dem letzten. Wer dann nicht kotzt, ist auf einem guten Wege. Die Kotzer fliegen raus. Die kommen in die Bulimie-Gruppe.«

»Dann zieh ich die Kur noch in diesem Jahr durch«, schepperte der unverwüstliche Hesemann. »Ich nehme jetzt nur noch zehn

Fleischstücke und verabschiede mich dann von fester Nahrung. Danach gibt es für mich in diesem Jahr nur noch Alkohol.«

»Ein glänzender Vorsatz«, pflichtete ich ihm bei, »zumal das Jahr nur noch vier Stunden hat.«

Der Oberstaatsanwalt war nicht mehr zu stoppen.

»Wenn die dämlichen Workouts nicht wären, könnte ich mich mit Ihrer Theorie glatt nachhaltig anfreunden. Aber ich müsste die Kur in die Gerichtsferien legen: Andernfalls könnten meine Anklageschriften vielleicht gegen mich ausgelegt werden.«

Krause verwies indes auf einen zukünftigen Höhepunkt seines trophologischen Schaffens und kündigte ein Werk an, auf das die Fachwelt seit Jahren mit Ungeduld gewartet hätte: *Was Nudeln uns zu sagen haben.* Herausgegeben im Eigenverlag. In der Tat ein Phänomen, dessen Aufklärung ich geradezu brennend entgegenfieberte.

Gewissermaßen als Einstieg in das neue Fitnessprogramm entkorkte Herr Kropp drei Flaschen Rotwein.

»Französische Schlankmacher«, lächelte er unnachgiebig.

Während die Erwachsenen sich zuprosteten und unverdrossen Fleischstückchen in sich hineinschaufelten, wurde aus der Juniorenecke lauthals das Orakel des Bleigießens angemahnt. Dieser Vorschlag fand bei der gesamten Tischrunde Beifall, vor allem war es die esoterischen Gebräuchen sehr zugewandte Violetta, die sich hier zu Wort meldete.

Auch in ihrer Heimat, dem Piemont, sei das Bleigießen, das eine Zukunftsvorhersage für das kommende Jahr ermögliche, unverzichtbarer Bestandteil eines Silvesterabends.

Nun erhielten alle die Gelegenheit, Bleistücke in einem Löffel über einer Kerze so zu erhitzen, bis sie schmolzen. Das geschmolzene Metall wurde dann in einen Topf mit kaltem Wasser gegossen, wobei es zu bizarren Formen erstarrte. Frau Kropp reichte Listen herum, die Hinweise zur Deutung der ergossenen Bleigebilde enthielten.

Frau Hesemann vermeinte in ihrem Bleifragment ein Herz erkannt zu haben, worauf Frau Kropp begeistert aufheulte:

»Eine neue Liebe ist im Anmarsch – Sie Glückliche.«

Frau Hesemann lächelte etwas sphinxhaft, während der Herr Oberstaatsanwalt barsch und unversöhnlich dazwischen bellte:

»Eine neue Liebe? Herzlichen Glückwunsch! Ich sage nur ein Wort: Gütertrennung.«

Schön, dass man auch am Silvesterabend Einsicht nehmen durfte in die sozialen Abfederungssysteme unserer Justizbediensteten, dachte ich zufrieden, aber da hatte Mariella schon für mich ein im Wasser erstarrtes Schmelzprofil herausgefischt.

»Das ist eine Maske!«, rief sie.

Mit viel Fantasie konnte man tatsächlich bei dem löchrigen Gebilde eine Art Maske ausmachen.

»Was steht in der Deutungsliste zum Thema Maske?«, fragte ich Frau Kropp.

»Karneval«, rief sie. »Ich komme aus der Gegend von Düsseldorf. Das ist meine Welt. Kennen Sie überhaupt den rheinischen Karneval?«

»Leider nein«, erwiderte ich etwas uninspiriert, »ich kenne nur die norddeutsche Variante: Wir werfen mit Knipp und gießen uns Korn über den Kopf.«

Da hatte ich offenbar den Geschmack des Oberstaatsanwaltes getroffen.

»«Großartig, mein Lieber«, heulte er auf, »mir geht dieser aufgesetzte rheinische Frohsinn gewaltig auf den Zeiger. Ich bin mal in eine Weiberfastnacht geraten. Da wurde mir die Krawatte abgeschnitten und anschließend wollte mich eine der als Schneewittchen herausgeputzten Fettquallen in ihr Bettchen schleifen.«

Frau Hesemanns Gesichtszüge mutierten plötzlich zu einer Permafrostmaske.

»Davon weiß ich ja noch gar nichts«, giftete sie über den Tisch. »Darüber wird morgen noch zu reden sein.«

Die Führerrolle des Gatten in der Hochehe geriet in Gefahr. Aber die Gastgeberin rettete die Situation.

Frau Kropp lachte grundlos. Sie lachte zumeist grundlos, aber heute hatte ich es zum ersten Mal in dieser Deutlichkeit bemerkt. Wahrscheinlich ein psychologischer Trick, um gelassene Gastgeberfreude zu demonstrieren. Plötzlich entfuhr Frau Kropp aber ein gellender Schrei. Sohnemann Karli hatte unter dem Tisch eine Stinkbombe gezündet, die die festliche Wohnstube mit bestialischen Geruchsschwaden von verfaulten Eiern und Gemüse überzog, was dazu führte, dass die Silvesterfeier für eine halbe Stunde in die Küche verlagert werden musste, da sich eine Intensivbelüftung mit winterlich klarer Luft als unerlässlich erwies. In der drangvollen Enge der Küche verabreichte Herr Kropp kleine Schnapsgläser mit selbst gebranntem Quittenschnaps.

»Der reinigt die Schleimhäute und Bronchien«, gab er sich gesundheitsbewusst und wurde von dem Trophologen durch heftiges Kopfnicken in dieser Auffassung bestärkt.

Wieder war es Hesemann, der die Gesprächsführung an sich riss. Es reiche jetzt mit der frischen Luft im Wohnraum. Auf, auf Kameraden, zurück an die Front!

Ein Satz, der Erich Krause zu der Bemerkung veranlasste:

»Da haben wir es wieder. Die Staatsanwaltschaft – die Kavallerie der Justiz: schneidig, aber dumm.«

Tatsächlich hatte die Stoßbelüftung die Faulgase so weit vertrieben, dass man ohne Ekelanwallung an die Festtafel zurück konnte. Dem Kind Karl wurde bei Androhung väterlicher Gewalt bedeutet, dass das bloße Berühren jeglicher Feuerwerkskörper am heutigen Abend den sofortigen Verweis ins Kinderzimmer nach sich ziehe. Ausschließlich auf die Darreichung der Kartons mit den Kroppschen pyrotechnischen Silvesterscherzartikeln sollte die mitternächtliche Aktivität des Sohnes reduziert werden. Das Inbrandsetzen der Knallkörper sei einzig den Erwachsenen vorbehalten. Das Kind quittierte die Entscheidung mit einem von Erstickungshusten begleiteten Weinkrampf, aber mit Vater Kropp war nicht mehr zu spaßen.

Die Zeit zum Jahreswechsel rückte näher. Frau Kropp füllte Champagnerkelche. Der Fernseher wurde eingeschaltet, um angesichts eines brausenden Promifestes auf einer Hallenbühne am Übergang in das neue Jahr unter den Glockenschlägen einer Kirchturmuhr keine wertvolle Sekunde zu verpassen. Wie in jedem Jahr mündete der letzte Glockenschlag in ein hysterisches Prost-Neujahr-Gebrüll, bei dem sich die Festgäste in die Arme sanken, um sich Gesundheit, Glück und erfolgreiche Verrichtungen im neuen Jahr zu wünschen.

Danach gab es kein Halten mehr. Zu dem ohrenbetäubenden Zischen, Sausen und Krachen der aus allen Himmelsrichtungen abgefeuerten Feuerwerkskörper wollte auch die Familie Kropp ihren Beitrag leisten. Das Kind Karli hielt jetzt absprachegemäß die Vorratskiste mit Chinaböllern, Raketen, Knallfröschen und Kanonenschlägen im Arm, aus dem sich Vater Kropp sehr elegant mithilfe der Glut seiner Brasilzigarre als Anzünder betätigte, ehe er die aufflammenden Objekte von sich schleuderte. Als die Umstehenden vor einem Knallfrosch in Deckung gingen und ihn anrempelten, fiel ihm die Zigarre aus dem Mund. Daraufhin setzte Vater Kropp sein pyromanisches Treiben mit einem Feuerzeug fort.

Der Ernährungswissenschaftler Krause fühlte sich zwischenzeitlich für die Raketenabschüsse aus einer Sektflasche zuständig und bediente sich ebenfalls aus Karlis Kiste.

Bedauerlicherweise hatte Vater Kropp nicht bemerkt, dass die ihm aus dem Mund gefallene Zigarre in die Feuerwerkskiste gefallen war. Plötzlich schoss eine Stichflamme aus dem Behältnis, begleitet von einem Stakkato von Detonationen und einem gewaltigen Funkenregen. Vater und Sohn wälzten sich am Boden, während die Kiste sich verselbstständigte und als Feuerball durch die kreischenden Silvestergäste hüpfte.

Der beherzt zupackende Oberstaatsanwalt war als Erster zur Stelle und schleppte Vater und Sohn in den Hauseingang. Beide hatten Verbrennungen an Gesicht und Händen erlitten und standen sichtbar unter Schock. Darüber hinaus war es auch mit dem Hörsinn des Gastgebers nicht zum Besten bestellt. Man brachte beide in ein Zimmer mit zwei Liegen, während Frau Hesemann sich eines alten Hausmittels aus der Zeit der Befreiungskriege erinnerte:

»Mehl und Olivenöl, damit müssen die betroffenen Hautpartien bestrichen werden.«

Violetta widersprach vehement, doch Frau Hesemann ließ keine Gegenstimmen gelten.

»Damit ist mir schon als Kind bei einer Verbrühung mit verschütteter Hühnerbrühe geholfen worden.«

Glücklicherweise hatte Violetta selbst bei Karlis Kanonenschlagattacken keine Verbrennungen erlitten. Die Vorstellung ihrer mehlpanierten Beine als gewöhnungsbedürftiger Kontrast zu ihrem Silvester-Rokoko-Outfit hätte dem ganzen Fest dann wohl doch etwas von seiner natürlichen Ungezwungenheit genommen.

Das hätte hier im wahrsten Sinne des Wortes ins Auge gehen können, dessen war ich mir bewusst, als ich einige versengte Haare am Kopf feststellte. Auch die Augenbrauen waren etwas in Mitleidenschaft gezogen worden. Ich hatte einfach nur Glück gehabt, was ebenso für Violetta und Mariella galt. Wir waren sehr viel näher an einer durch Leichtsinn ausgelösten Katastrophe dran gewesen, als wir es uns in den letzten Zügen des alten Jahres hätten träumen lassen.

Mit dem möglichen Verlust des Augenlichts hätte man auch noch Herrn Hesemann in die Karten gespielt, der dann in einer Doppelrolle als Kronzeuge und Ankläger beste Voraussetzungen vorgefunden hätte, hier ein Exempel zu statuieren: Vater Kropp in der Rolle des Brandstifters und Sohnschänders. Doch Hesemann, gut getarnt hinter einer Maske von Bonhomie, gab sich leutselig:

»Da haben wir alle noch mal Glück gehabt. Aber wir sollten jetzt besser wieder reingehen«, sagte er, worauf die geschockten Silvestergäste sich langsam wieder an der Festtafel versammelten.

»Jetzt brauche ich noch mal einen Quittenschnaps, aber einen Doppelten«, sagte Hesemann.

Er war halt eine zupackende Frohnatur, ja, ein Mensch, der von innen strahlte.

Da mochte auch der Trophologe nicht zurückstehen, der nur deshalb mit heiler Haut davongekommen war, weil er sich zum Zeitpunkt der Kistenexplosion vergeblich an einem feucht gewordenen Raketenzünder zu schaffen machte. Auch mir sollte das Getränk helfen, das aufgewühlte Nervenkostüm wieder zu glätten.

Der Umsicht Violettas war es zu verdanken, dass trotz Frau Hesemanns archaischer Heilmethoden eine Krankenhausambulanz gerufen wurde, um Kropp und Sohn ärztlich zu versorgen. Bereits nach einer Stunde kamen beide von Frau Kropp und Violetta eskortiert mit bandagierten Armen und vom Brandgel glänzenden Gesichtern zurück. Die Verletzungen würden ihre Zeit zum Ausheilen benötigen, aber es hätte schlimmer kommen können.

Frau Kropp war auch gleich wieder den geläufigen Fährnissen des Lebens auf der Spur:

»Sie hätten es einmal erleben müssen, wie affektiert sich dieser Stationsarzt aufgeführt hat. Das war bestimmt eine Schwuchtel.«

Ein Thema für die wertkonservative Gesinnung des Oberstaatsanwalts:

»Ich habe nicht das Geringste gegen Schwule, das können Sie mir glauben. In der Regel sehr kultivierte Herren, mit denen auch ich persönlichen Umgang pflege. In puncto Sensibilität macht denen ja keiner was vor. Mir gehen nur diese Detlev-Typen auf die Nerven, die mit betont weibischer Stimme sprechen und einem dann an der nächsten Bar den Vorschlag unterbreiten, auf der Herrentoilette einen bläsertechnischen Beitrag zu leisten. Aber das soll man alles nicht so hochhängen. Wenn ich da an Sodomisten denke,«

(Hesemann freute sich offensichtlich seiner Verwegenheit) »die sich zum Frühstück ein Hauskaninchen oder einen Schäferhund überstülpen – das hat ja eine ganz andere Qualität. Ich nehme an, da sind wir uns doch alle einig.«

Offenbar hatte Hesemann bei der Kistenexplosion den Verstand verloren. Beifall heischend schaute er in die Runde.

Ein starkes Verlangen nach Palliativa erfüllte mich plötzlich.

»Wir müssen jetzt leider gehen«, sagte Violetta. »Rodolfo, kümmere dich um Mariella. Und vielen Dank für den reizenden Abend.«

10

Am Neujahrstag tauchte ich erst wieder in den frühen Nachmittagsstunden im Kreis der Familie auf. Die Silvesternacht hatte Spuren hinterlassen. Ich war auch nicht mehr in der Lage, nach einem Eiskaltduscherlebnis wie in früheren Tagen gestählt zur Tagesordnung überzugehen. Im Gegenteil: Vielmehr war ich auf den Großeinsatz meiner aus dem Medikamentenschrank rekrutierten Tablettenarsenale angewiesen, um das gröbste Unwohlsein zu überwinden. Darüber hinaus waren auch die Verdauungsorgane in Mitleidenschaft gezogen worden.

Nach dem hastigen Genuss von zwei Espressos leinte ich den Hund an und machte mich auf einen Weg, der mit Papierabfällen und pyrotechnischen Hülsen gepflastert war.

Ich kam mir ein wenig schäbig vor, dass ich bei der sehr bemühten und vom Schicksal geprüften Familie Kropp einen geradezu fluchtartigen Abgang inszeniert hatte. Schließlich hatten es die Gastgeber an nichts fehlen lassen.

Sultan hatte inzwischen nichts Besseres zu tun, als einen übelriechenden und vor allem unübersehbaren Haufen auf die Bordsteinkante zu setzen, woraufhin ich mich von einer Augenzeugin beschimpfen lassen musste, dass ich keine Plastiktüten zur sofortigen Sanierung bei mir führte, und ich fand in dem Gedanken Trost, dass man am ersten Tag des Jahres noch nicht in Hochform sein könne.

Nach meiner Rückkehr verzehrte ich eine asiascharfe Bihunsuppe und löschte das brandschatzende Gewürge in meiner Kehle mit einem Magnesiumdrink, um meinen ausgelaugten Salzhaushalt wieder auf Normalniveau einzupendeln.

Violetta kam noch einmal auf den gestrigen Abend zurück.

»Dieser Krause hat ja wohl völlig den Verstand verloren mit seinem Wellnesskonzept *Fit mit Alkohol.*«

»Krause ist eben auch ein Esoteriker, genau wie du«, entgegnete ich.

»Das musst du mir jetzt genauer erklären.«

»Ich habe einen Flyer gefunden, der aus deiner Manteltasche gefallen ist. Einen Flyer sowie eine Rechnung über eine eingehende Beratung. Aussteller ist die Praxis für Kinesiologie des Heilpraktikers P. Lüdtke.«

»Du schnüffelst also in meinen Taschen herum?!«, fauchte Violetta.

»Keineswegs, aber es ist mir natürlich nicht entgangen, dass du dich zuweilen intensiv mit einem Pendel befasst. Ich meine, es geht mich ja nichts an, aber eine Meinung habe ich schon darüber.«

»Die Kinesiologie hat schon vielen geholfen. Besonders Allergikern«, behauptete Violetta. »Mariella hat seit ihrem letzten Besuch bei Lüdtke keinen Heuschnupfen mehr.«

»Das war überhaupt kein Heuschnupfen. Das war eine stinknormale Rhinitis, und die ist irgendwann einmal weg«, sagte ich. »Ich kenne doch das Prozedere: Man gibt dir ein Glasröhrchen mit einer allergenen Substanz in die Hand, drückt auf deinen ausgestreckten Arm, und wenn der nachgibt, hast du den Beweis für ein negatives Biofeedback gegenüber dieser Substanz. Das ist für sich schon abenteuerlich genug. Aber diese Kinesiologen gehen ja noch weiter. Ich habe von einem Bekannten, dem der Armdrücker eine Hühnereiweiß-Allergie unterstellte, gehört, dass er ihm als Gegenmittel ein Fläschchen mit Bachblütenextrakt mitgegeben hatte, das er sich in homöopathischer Dosis täglich einzuverleiben hatte. Der Mann hat nie wieder ein Ei gegessen und um jeden Hühnerstall einen weiten Bogen gemacht. Trotz eines Bachblüten-Schlürfexzesses von über einem Jahr ist er seine Allergie bis heute nicht losgeworden.«

»Er war eben unsensibel. Genau wie du. Man muss daran glauben.«

»Bitte jetzt nicht albern werden, wandte ich ein und lief in einen neuerlichen Konter.«

»Nenn es von mir aus Esoterik, wenn du so willst. Aber kannst du dir Gefühle überhaupt noch leisten? Wie gehst du mit ihnen um? Haben deine Gefühle überhaupt noch eine Zielrichtung, oder sind sie längst verschüttet und eingemottet?«

»Ich halte mich an die Realität und nicht an irgendwelche Placebos«, sagte ich schroff. »Fakt ist, dass die Kinesiologie dicht angesiedelt ist an der esoterischen Meridian- und Elementenlehre und somit als psychotische Pseudowissenschaft einzuordnen ist.«

Ich musste aufpassen, dass es über diese Diskussion hinaus nicht auch noch zu weiteren dynamischen Wechselwirkungen kam, daher versuchte ich, das Gespräch in eine versöhnliche Richtung zu drehen.

»Meine Gefühle haben ausschließlich ein Ziel, und das geht in deine Richtung.«

»Lügner!«, schnaubte sie, rang sich aber letztlich ein resigniertes Lächeln ab. »Deine Gefühlsbewertung basiert wohl eher auf einer grundsätzlichen Überschätzung der sexuellen Komponente – ungeachtet deines Alters.«

Den Hinweis auf mein Alter hätte sie sich schenken können. So etwas ist einfach kränkend. Das gipfelte ja fast in der Forderung, ab Erreichen einer Altersgrenze fortan allen Genüssen des Lebens zu entsagen oder zumindest das Verlangen danach ganz tief in sich zu vergraben. Demzufolge hätte ich meine Anspruchshaltung als Gourmet zukünftig auf Seniorenteller beschränken müssen. Hinter der Forderung nach Alterseinsicht verbarg sich eine verheerende Floskel, die das Verinnerlichen einer mit Senilität, Demenz und Verlust von Basic Instincts ausgewiesenen Lebensphase meinte. Mit Sicherheit war ich näher dran, als ich es mir einbildete. Aber hier war ich allen gerontologisch ungereimten Argumenten gegenüber unzugänglich, zumindest solange es noch ging …

Je mehr ich darüber nachdachte, desto tiefer fraß dieser Brandsatz der Stigmatisierung meiner Generation in mir. Das war genau die kotzenswerte Sichtweise der Gesellschaft, die glaubt, jeden bei Eintritt ins Rentenalter als altes Eisen etikettieren zu müssen. Vom Potenzial der älteren Generation könnten die Jungen noch erheblich profitieren. Ob es einen sozialen Rückzug gibt, das heißt, ob mit Erreichen der Altersschwelle der Mensch seine Aktivität reduziert oder aufrecht erhält, hängt jedenfalls von der Persönlichkeitsstruktur und nicht von alterstypischen Veränderungen der Hautbeschaffenheit ab.

Violettas Altersanspielung ließ mich immer noch nicht ruhen und löste Revanchegelüste in mir aus.

»Gibt es überhaupt einen nachvollziehbaren Grund, dass du dich in die Obhut eines Kinesiologen beziehungsweise Heilpraktikers begibst?«

»Das ist meine höchst persönliche Sache. Ich muss dir nicht mein ganzes Innenleben offenlegen.«

»Musst du auch nicht. Aber ich könnte mir denken, was dahinter steckt.«

»Aha, da bin ich aber gespannt.«

»Nun. Ich will dir ja nicht zu nahe treten, aber könnte es sein, dass du unter einer spezifischen Form von Putz- und Waschzwang leidest?«

»Das ist ja die allergrößte Unverschämtheit!«, schrie sie. »In Zukunft darfst du deine Unterwäsche und Hemden selber waschen und bügeln.«

Diesen Einwand hatte ich befürchtet.

»Ich meine etwas anderes. Ich finde, und das sieht übrigens Mariella genauso, dass du von einer fast panischen Angst vor Schmutz und Bakterien beherrscht wirst.«

»Du spinnst ja total.«

»Dann erklär mir mal, warum wir die Wohnung nicht mit Straßenschuhen betreten sollen und warum du bei der Vorstellung fremder Personen niemandem mehr aus Angst vor Bakterien die Hand gibst?«

»Das sind grundsätzliche Gebote der Sauberkeit. Woher kommt denn wohl sonst das permanente Ansteigen von Allergien?«

»Weil gewisse Leute in unserer Gesellschaft im Laufe der Zeit immer hysterischer geworden sind. Meinst du das?«

Violetta schüttelte den Kopf:

»Ignorant. Noch nie etwas von Inhalationsallergenen und Kontaktallergenen gehört?«

»Ja, sicher doch. Aber wenn du mich anhauchst und ich dich dann nach meinem Gutdünken, was weiß ich wo und wie, berühre, bekomme ich zuweilen einen ejakulativen Allergieschock, und das ist doch ein wahres Geschenk der Natur.«

»Hier geht es nicht um Sex«, zürnte sie. »Es geht um unsere Umwelt und das, was sie einmal war. In dieser industrialisierten Welt wimmelt es doch geradezu von körperfremden Substanzen, die von heute auf morgen, und wer weiß, wie lang, unerträgliche Haut- und Schleimhautreaktionen auslösen können. Da kann eine etwas hygienischere Lebensweise, als wie du und Mariella sie bevorzugt, ja wohl nicht gleich als Putz- und Waschzwang ausgelegt werden.«

Ich spürte ihre Verunsicherung und beschloss, den Hausfrieden zu wahren.

»Okay, solange es nicht zwanghaft wird, ist ja noch nicht alles verloren. Ich komme wohl aus einem Elternhaus, das hinsichtlich der Reinlichkeit nicht ganz so strenge Maßstäbe angelegt hat.«

»Das wird es wohl sein«, sagte sie ein wenig versöhnt. »Also lass du mir meine esoterischen Schlupflöcher. Ich habe deine Fußballverrücktheit bisher ja auch toleriert.«

Ein Treffer ins Schwarze. Mein Fußballwahn. *Una paranoia di calcio*, wie sie es nannte. Beruhigend daran war nur, dass ich damit im gleichen Krankenstand lebte wie mindestens fünfzig Millionen ihrer Landsleute und insofern auf ein Mindestmaß an Verständnis hoffen durfte. Im gleichen Maße, wie ich Bayern-Hasser und Werder-Bremen-Fan war, stand ich allerdings meiner eigenen beruflichen Tätigkeit als Sportjournalist im Wege. Hier war Objektivität strenges Gebot, und meinem Zynismus konnte ich nur im stillen Kämmerlein freien Lauf lassen.

Da mir inzwischen auch jegliche Gelassenheit abhanden gekommen war, was diese kontraproduktive Leidenschaft in meiner Eigenschaft als Freelancer unserer Tageszeitung betraf, vermied ich es, nach Möglichkeit die Spiele vor Ort im Stadion zu verfolgen, und war auch vor dem heimischen Fernsehgerät nicht gegen kardiologisch bedenkliche Krampfzustände gefeit, sodass ich die jeweilige Begegnung nicht sitzend, sondern nur als rastloser Kreisläufer im Wohnzimmer erlebte.

Ich hielt zum Beispiel die Anwendung des Begriffes *Alterssexualität* auf die erotische Beziehung zwischen Violetta und mir für völlig unangebracht. Selbstverständlich wurde der Vollzug fallweise störanfälliger, aber der mir entgegenkommende erhebliche Altersunterschied barg noch viele Schlüsselreize, sodass in unserer gewachsenen Beziehung die Problematik der Versagensängste nur eine untergeordnete Rolle spielte.

Das galt nicht zwingend für gelegentliche »Erstbesteigungen« in der Zeit vor Violetta. Da war man doch froh, dass es einen Zugriff auf gewisse Lifestyle-Drogen gab. Diese Produkte waren ja längst nicht mehr auf entfesselte Hardliner der Seniorenschwemme beschränkt, sondern erfreuten sich auch bei den Männern, die gerade der Midlife-Crisis entkommen waren, besonderer Beliebtheit. In der Handhabung dieser Pillen wurde allerdings auch ein hohes Maß an zwischenmenschlichem Einfühlungsvermögen vorausgesetzt.

So wird von Usern über Situationen berichtet, wo die vorgeschriebene Wartezeit von einer Stunde bis zur vollen Wirkungsentfaltung des Präparates zu rituellen Überbrückungsszenarien führte, beispielsweise durch gemeinsames Anhören (bis zum Eintreten der Erstversteifung) von Schumanns zweiter Symphonie und seinem Ringen um die große Form. In einer offenen Zweierbeziehung mit musischer Ausrichtung konnte bei jüngeren Paaren auch der Genuss von Hip-Hop- oder R'n'B-Versatzstücken die dräuende Erwartungsphase erträglich gestalten. Von einer Betäubung der Sinne mit alkoholischen Getränken ist allerdings abzuraten – dann stimmt die Chemie nicht mehr.

Von Vorteil ist es da, wenn die Partnerin gegenüber der freizügigen Präsentation der kleinen Nothilfe das von hoher Sensitivität getragene Angebot erkennt, mit ihr durch dick und dünn zu gehen. Da jedoch nicht in allen Beziehungen von einer derartigen Einsicht ausgegangen werden kann, muss auch fallweise die hohe Kunst der Camouflage bemüht werden. Hier gebührt nach meinem Wissensstand einem betagteren Redaktionskollegen die Krone. Seine Frau hatte sich beim Bügeln des Jacketts des Ehegatten über den Fund von blauen Pillen aus einer US-Chemikalienschmiede mokiert und angedroht, im Wiederholungsfall – sie sei schließlich kein Versuchskaninchen – die wöchentlichen Renkontres im ehelichen Lotterbett vollständig aus dem Terminkalender zu streichen. Ja, sie war sogar so weit gegangen, den über Viagra gesteuerten Sex der Neuzeit als eine spezielle Art von Leichenstarre zu verunglimpfen. Doch sie hatte die Rechnung ohne den gewitzten Gatten gemacht. Dieser beauftragte flugs eine Firma aus der Süßwarenbranche, mit einer weißen Glasurkaschierung das verräterische Blau der Tablette zu überziehen. So mutierte der nun in mildes Opalglänzen verwandelte Tablettenrhombus zum unscheinbaren Bestandteil der Hausapotheke.

Bei der für den persönlichen Gebrauch unabdingbaren Überprüfung der Wirksamkeit dieser »Lifestyle-Krücke« war ich mir selbst nicht zu schade gewesen, mich einem Experiment an vorderster Front zu stellen. Das Erleben der Ersterfahrung sollte allerdings bedingungslos in einem wahren Worst-Case-Szenario stattfinden, um ein späteres Scheitern im vertrauten Milieu von vornherein auszuschließen. Hierzu hatte ich eine ihren Stellenwert mit rotem Licht verkündende Begegnungsstätte zwischenmenschlicher Bedürfnisse aufgesucht. Dabei hielt ich mich genau an die Dosierungsvorschrift aus der Packungsbeilage und schluckte eine Stunde vor der Tatortbegehung eine Tablette.

Ich nahm Platz in einem Empfangsraum des Etablissements und ließ die Riege der Hausbewohnerinnen in freizügiger Arbeitskleidung Revue passieren. Nach einer anfänglichen Unschlüssigkeit fiel meine Wahl auf eine Person, bei deren Beschreibung ihrer äußerlichen Vorzüge das Wörtchen »unattraktiv« als Euphemismus des Jahres hätte durchgehen können. Ich zahlte den ausgehandelten Obolus und sah der Dame interessiert beim Ablegen der letzten Hüllen zu, eine Tätigkeit, der ich mich anschloss. Erstaunt schaute ich an mir herunter: eine Erektion wie ein Tannenbaum. Zuletzt in dieser Pracht beobachtet von mir in den spätpubertären Zwanzigern. Das überstieg meine kühnsten Fantasien. Doch es kam noch besser: Als im Nebenzimmer das Telefon schrillte, verabschiedete sich die Gunstgewerblerin für einige Minuten von mir, was unter normalen Umständen – selbst unter idealen physiognomischen Voraussetzungen – ein vorzeitiges In-sich-Zusammenfallen des gestählten Körperteils bedeutet hätte. Doch als die Dame zurückkam, hatte sich an der Tannenbaumstandfestigkeit nichts geändert. Drohte jetzt etwa ein Leben unter der Knute des Priapismus? Daran wollte ich allerdings keinen Gedanken verschwenden, vielmehr wurde mir klar, dass ich mich mit dieser Art von Chemie auch in Zukunft wahrscheinlich würde anfreunden können.

Was hatte das für die kommenden Jahre zu bedeuten? Der Mangel an Visionsfülle deutete auf ein vorwiegend düsteres gesellschaftliches Umfeld. Wenn nicht bereits Alzheimer-Erkrankungen (ich weiß nicht mehr, wie das noch geht), Leberinsuffizienzen durch Alkoholabusus oder die Abschiebung ins Seniorenheim schwere Depressionen auslösten, so konnte selbst ein unterstelltes heiteres Lebensmilieu in diesen Altentagesstätten doch nicht darüber hinweg täuschen, dass das Thema Sexualität eher ein Tabuthema war. Sofern man dort überhaupt bei der Partnerwahl auf Gleichgesinnte treffen sollte, stellten sich jedenfalls zwangsläufig Fragen, bei denen man möglicherweise mit der Hausordnung in Konflikt geriet.

Fragen wie *Kann man die Türen abschließen?* oder *Hat man überhaupt einen eigenen Schlüssel, um ein Minimum an Intimsphäre zu wahren?* gerieten da zu Zentralthemen.

Wichtig wäre auch das Zurverfügungstellen von Einzel- statt Doppelzimmern. Es konnte ja sicherlich nur im Pflichtverständnis der Heimleitung liegen, ihren Insassen die Bleibe so kurzweilig wie möglich zu gestalten, um nicht zu riskieren, dass sexbesessene Altersmonster sich an das Pflegepersonal heranmachten. Solche Verstöße gegen die Heimordnung passierten öfter, als man denkt.

Die Realität in den Seniorenheimen konnte ich bisher natürlich nur vom Hörensagen einschätzen. Danach stellten die nur unzureichend mit Pflegepersonal ausgestatteten Einrichtungen neben ihrer segensreichen Auffangwirkung für freilaufende Rentner allerdings nicht immer die Basis eines harmonischen Lebensabends dar. Die den Heimalltag begleitende Infantilisierung seiner Bewohner konnte vielleicht als eine Rückkehr in die verloren gegangene Kindheit gesehen werden, auch wenn nur Sabberlätzchen und keine Sandkiste oder Rasseln angeboten werden. Andererseits durfte man sich auf intellektuell befruchtende Treffen der Selbsthilfegruppen mit künstlichem Darmausgang und der Vorhof-Flatterer-Fraktion ruhig einmal freuen. Wenn es am Ende dann die anonymen Inkontinenzler waren, wäre es auch eine befreiende Erfahrung.

Mit den Essenszeiten (Frühstück um sieben und Mittagessen um elf) könnte ich allerdings nicht leben. Nach statistischen Erhebungen sterben die meisten Menschen morgens zwischen acht und zehn Uhr. Ich bliebe daher immer bis um elf Uhr liegen, damit ich nichts verpasste.

Aber vielleicht hatte ich ja noch Glück und es würde mir nicht ergehen wie dem in einem Caritas-Pflegeheim lebenden Vater eines sozialschwachen Hartz-IV-Empfängers. Der wurde in einer Nacht- und Nebelaktion vom eigenen Sohn trotz lautstarker Proteste über die Schulter geworfen und zurück nach Hause geschleppt. Es war allerdings nicht die Sehnsucht nach der väterlichen Güte und Lebensweisheit, die den Sohn hier aktiv werden ließ. Ihm war es vielmehr darum zu tun, die Rente des Alten abzufischen, die ansonsten an das Pflegeheim fiel. »Verwesen kannst du auch zu Hause«, so der besorgte Sohn. »Und was du an Flüssigkeits- und Kommunikationsentzug im Heim erlebst, das ist ohnehin Folter im Sinne der Genfer Konvention. Da hast du zu Hause nichts zu befürchten. Hier hast du dein altes Bett und musst nicht auf einer Dekubitus-Unterlage schmoren.« – So gesehen musste man später sogar noch vor der eigenen Brut auf der Hut sein.

Aber nicht alles ist schlecht im Heim. Es gibt auch einen traumatisierten Pensionistenkreis, dem die Leibesübungen am Herzen liegen. Er stellt das Aktivpotenzial unter den überwiegend bewegungseingeschränkten Heiminsassen dar. Dabei handelt es sich um eine unermüdliche Läufergruppe, die sich ständig auf Trab befindet und innerhalb des geriatrischen Terminals Tag für Tag die gleiche Strecke, zuweilen bis zu zwanzig Kilometern, zurücklegt: die Königsklasse und Schattenfraktion der Gesundheitsinitiative *Deutschland bewegt sich.*

Nun ist es aber nicht damit getan, im weinerlichen Altherrenlamento die Menetekel des Alters heraufzubeschwören, viel wichtiger ist es, den im Alter obwaltenden körperlich-geistig-seelischen Abbaumechanismen entgegenzuwirken.

Vorstellbar sind hier immer noch zahlreiche Aktivitäten. So erfreuen sich Butter- oder sogenannte Eierfahrten mit Gleichaltrigen, angeboten als Busreise zum Spottpreis, großer Beliebtheit. Bei Kaffee und Kuchen hat man sogar die Gelegenheit, im Rahmen einer beschaulichen Werbeveranstaltung völlig überteuerte Rheumabetten oder untaugliche Gesundheitspräparate einzukaufen – ein kleines Dankeschön an den Veranstalter, dessen Herzensanliegen es war, den alten Menschen einen schönen Tag zu bescheren. Das kommt an. Die Leute knüpfen Kontakte und kommen wieder. Die Rechnung kommt später. Aber schön, dass man dabei war.

Die Kirchen tun ja auch etwas. Einmal wöchentlich ein Frühstück im Gemeindehaus. Gewiss eines der Topsegmente aus der Angebotspalette. Das Dumme daran ist, dass ich als morgendlich unzugänglicher Mensch in den späten Vormittagsstunden vor abgeräumten Tischen stehen würde. Wenn es überhaupt dazu käme.

Noch hatte ich andere Pfeile im Köcher. Als gelegentlich noch libidinös durchströmter Zeitgenosse lebte ich auf bei dem Gedanken, als Teilzeitlieferant für Samenbanken zum Nutz und Frommen der Allgemeinheit mein Scherflein beizutragen. Wenn es nur nicht schon zu spät war und das bona fide offerierte Ejakulat als inseminationsungeeignet abqualifiziert würde. Herrje, das wäre eine erhebliche Einbuße an Lebensqualität. Ach was? Aber ja. Ich war mir im Grunde für nichts zu schade.

Für alle, die nicht an den Rollstuhl oder das Bett gefesselt sind, bleibt schließlich noch der Kick der Leibesübungen. Wandern als gruppendynamische Erfahrung. Vielleicht auch mal wieder Völkerball.

Eine hochbetagte Dame, die ich bei einem aus sportjournalistischen Beweggründen vorgenommenen Besuch eines hiesigen Sportvereins kennengelernt hatte, hat das Geheimnis ihrer 95 Jahre in lyrischer Form auf den Punkt gebracht: *Turne bis zur Urne.*

Gleichwohl ist es Fakt, dass die kommende Generation sich die Alten auf Dauer nicht mehr leisten kann. Die provokante Frage, wer es denn dann übernimmt, sie umzubringen, hat Dieter Hildebrandt kurz und bündig beantwortet: Die Altenheime.

II

Nach dem turbulenten Eintritt ins neue Jahr hoffte ich, das berufliche Umfeld in ruhigere Bahnen lenken zu können.

Die Sportredaktion hatte sich gemeldet und mich um einen Beitrag zum gehäuften Auftreten von Sportverletzungen im Profifußball gebeten. Es war in der Tat auffallend, dass gerade nach Sommer- und Winterpausen eine erhebliche Anzahl von Spielern besonders bei den großen Clubs in der Vorbereitungsphase durch eine Vielzahl von Verletzungen an der Ausübung ihres professionellen Auftrags gehindert wurde. Die Frage war also zu klären, ob es sich hierbei nur um Pech handelte oder hinsichtlich der medizinischen Versorgung oder der Prävention etwas grundsätzlich falsch lief.

Zur Vorbereitung meiner Abhandlung suchte ich den Sportmediziner Dr. Ullrich an der Sporthochschule Wuppertal auf, um ihn mit einigen vorbereiteten Fragen zu konfrontieren.

»Herr Dr. Ullrich, es ist kein Geheimnis, dass in der Vorbereitungsphase des Profifußballs fast ausschließlich der sogenannte Laktattest speziell zur Fitnessbewertung herangezogen wird. Dies ist jedoch ein Ausdauertest, der keine Aussage über die Verletzungsanfälligkeit der Testperson erlaubt. Kann es nicht sein, dass das gehäufte Auftreten von Sportverletzungen auch ein Hinweis dafür ist, dass in vielen Clubs über die gesamte Saison individuellen Präventions- und Trainingsmaßnahmen zu wenig Aufmerksamkeit entgegengebracht wird?«

»Der Ansatz ist korrekt«, sagte der Sportmediziner. »Man sollte hier nur etwas weiter ausholen. Bezüglich des pathophysiologischen Hintergrundes beim Fußballsport ist davon auszugehen, dass die sportliche Belastung durch den Spiel- und Trainingsbetrieb an ihre Grenzen stößt. Der Sportler hat unter diesem Blickwinkel einen wesentlich höheren Bedarf an Mineralien, Spurenelementen und Vitaminen. Die hier vorhandenen Erkenntnisse werden in der Regel zu wenig genutzt. Hierzu sind allerdings aufwendige Blutuntersuchungen notwendig. Zudem ist offenbar nicht allen bekannt, dass unter hohen Belastungen sogenannte freie Radikale entstehen, die das biologische Gewebe in oxidativen Stress versetzen und es zerstören können. Hier müssen Antioxidantien über gezielte Gaben in Nahrungsergänzungsmitteln und über die Zusammensetzung der Sportlerernährung angeboten werden. Das gilt im Übrigen auch für Sie als Mann jenseits der Lebensmitte.«

»Für mich? Was habe ich mit Radikalen zu tun? Mein Leben verläuft in geordneten Bahnen«, verwahrte ich mich gegen diese vermeintliche Unterstellung.

Dr. Ullrich hob den Zeigefinger und nickte bedeutsam.

»Die freien Radikale, das können Sie natürlich nicht wissen, sind sehr kurzlebige und reaktionsfähige chemische Molekülgruppen, die den Alterungsprozess geradezu fördern, indem sie schützende Zellmembranen und lebensnotwendige Proteine zerstören. Ein schlimmes Beispiel sind die früh vergreisenden Menschen, bei denen sich schon in der Kindheit der Alterungsprozess bemerkbar macht und danach im Zeitraffer abläuft. Hier darf ich Sie persönlich allerdings beruhigen.«

Es tat gut, dass das Gespräch auch für mich noch positive Aspekte hatte.

Dr. Ullrich fuhr fort.

»Ein weiterer Ansatz besteht darin, dass man die bei Berufsfußballspielern häufig auftretenden Muskelverkürzungen physiotherapeutisch feststellen kann, wobei es sich gerade in dieser Sportart um extreme Verkürzungen handeln kann. Der dritte Punkt wäre die Möglichkeit, eine Standortbestimmung über den gesamten körperlichen Zustand des einzelnen Spielers vorzunehmen. Hier kann beispielsweise durch eine Bioimpedanzmessung die exakte Körperzusammensetzung individuell bestimmt werden, die einem Auskunft über die Verteilung von Fett, Muskelmasse und Wasseranteil im Körpergewicht gibt. Auf dieser Basis lässt sich dann ein sehr gezieltes Aufbautraining für den einzelnen Sportler herleiten. Ich fürchte, dass hier Versäumnisse der medizinischen Abteilungen der Vereine auch eine Rolle spielen. Hierfür wird nach meinem Wissensstand viel zu wenig Zeit aufgewendet. Statt mit den Spielern in die Prävention zu gehen, findet man sie später in der Reha wieder.«

Ja, wer weiß da schon genau Bescheid? Nach meiner Einschätzung hatte Dr. Ullrich den Finger in die offene Wunde gelegt. Ich würde mir mit meinem Beitrag im sportredaktionellen Teil des Blattes sicherlich nicht nur Freunde machen. So viel war jetzt schon klar. Natürlich waren Verletzungen durch aggressives Zweikampfverhalten weder im Training noch im Wettkampf auszuschließen, aber man musste doch sehen, dass in sehr anspruchsvollen Mehrkampfsportarten wie zum Beispiel dem Zehnkampf die Verletzungsquote weitaus geringer war, da hier das Thema Prävention offensichtlich professioneller angegangen wurde.

Auch entließ Herr Dr. Ullrich mich nicht, ohne ein Warnzeichen zu setzen.

»Ihnen würde ich dringend raten, Ihr Essverhalten durch eine antioxidative Komponente zu optimieren, und eine Bioimpedanzmessung wäre geradezu ein Muss, falls Sie überhaupt noch irgendwelche Gedanken an eine Renommier-Badefigur in den Sommermonaten verschwenden sollten.«

Ein weiterer Einschnitt im ohnehin schon freudlosen Journalistenalltag. Der Mann konnte einem den Tagesablauf gehörig vermiesen.

Am nächsten Tag legte ich der Sportredaktion meinen Bericht vor. Der Chefredakteur fiel aus allen Wolken.

»Ich hoffe nur, Sie haben das alles sauber recherchiert«, argwöhnte er. »Die Medizinpäpste der Proficlubs werden uns in der Luft zerreißen. Sie werden alles auf eine unabsehbare Häufung von unglücklichen Zufällen schieben.«

Ich verwies auf den Bayern-Doc Müller-Wohlfahrt. Der operiere ja seit Jahren schon mit Nahrungsergänzungsmitteln und habe zudem eigene Präparate entwickelt, die er auch selbst herstelle und offensichtlich nicht ausschließlich für den Leistungssportler bestimmt seien. Insofern mache Müller-Wohlfahrt sich auch um den älteren Menschen verdient und vollbringe eine geriatrische Leistung. Er selbst scheine sich ausschließlich von seinen Präparaten zu ernähren, denn für sein beachtliches Alter sehe er immer noch erstaunlich jugendlich aus.

Der Redakteur murmelte etwas von Botoxdröhnung, aber wenn das alles stimmig sei, hätte ich sicher einen Volltreffer gelandet.

Am Wochenende erschien in unserer Tageszeitung mein Beitrag mit dem Titel *Das Verletzungsdilemma im Profifußball – Steinzeitmethoden der Sportmedizin*.

Am Dienstag wurde ich in die Redaktion zitiert. Herr Ott, Chefredakteur und katzbuckelnder Leisetreter in Personalunion, reckte vor meinen Augen einen Stapel Papier in die Höhe.

»Wissen Sie, was das ist?«, fragte er.

Ich verneinte wahrheitsgemäß, hatte aber gleichzeitig das Gefühl, dass das Papierkonvolut mit Ärger zu tun haben könnte und ich mich hier in humorfreier Zone befand.

»Das sind E-Mails, Faxe und Briefe. Bundesliga, zweite Liga und Regionalliga. Sie haben in ein Wespennest gestoßen. Aber jetzt wollen sie uns an den Kragen. Verleumdung, Hetze, Putsch gegen die Ärzteschaft, Beleidigung der Physiotherapeuten. Millionenklagen wegen Rufschädigung wollen sie uns anhängen. Natürlich, alles bemühte Klischees. Aber Sie, Rudolf, Sie will man hängen sehen. Was sagen Sie dazu?«

Ich verzichtete darauf, mir auszumalen, ob ein Dreimeter-Sturz durch eine Falltürluke angenehmer sei als der mähliche Luftverlust durch Strangulation. Ich fand, dass ich alles in dem Artikel gesagt hätte, und zuckte mit den Achseln:

»Das habe ich nicht anders erwartet. Und das Aufheulen zeigt doch deutlich, dass wir ins Schwarze getroffen haben.«

»Sie, nicht wir. Sie haben ins Schwarze oder vielleicht auch nur ins Bodenlose getroffen!«, brüllte der Chefredakteur. »Sie sollten sich warm anziehen. Eine solche Klage überleben wir nicht. Die werden mit einem Heer von Anwälten und Medizinautoritäten aufmarschieren und Sie in der Luft zerreißen. Hier, lesen Sie selbst.«

Mit diesen Worten reichte er mir ein Schreiben eines Vereinsvorsitzenden aus der höchsten deutschen Spielklasse herüber. Einige Passagen waren hinsichtlich ihrer beigemessenen Bedeutung mit einem roten Textliner besonders kenntlich gemacht. Darunter auch diese Einlassung:

Wir werden es nicht hinnehmen, dass ein offensichtlich mit sportmedizinischen Vorstellungen aus der Zeit von Turnvater Jahn operierender Medienkretin sich auf Kosten unseres Konzeptes der Leistungsförderung einen beckmesserischen journalistischen

Eintagsfliegenerfolg erkauft. Jedenfalls lassen wir uns nicht von einem in die Jahre gekommenen, ranzigen Schreiberling unsere Philosophie kaputtmachen.

Philosophie – das war das Stichwort.

»Herr Ott«, mahnte ich beim Redaktionsleiter eine Besinnungsphase an. »Diese Herrschaften reklamieren ungeniert das Wort Philosophie für ihre Aktivitäten in einer Breitensportart. Philosophie, das Streben nach Erkenntnis über die Ursprünge des Denkens und Seins. Im Munde geführt von bornierten Faslern mit sportlich verengten Perspektiven, die Schopenhauer mit einem weinseligen Zecher verwechseln.«

»Lassen Sie es gut sein«, wies Ott mich in die Schranken. »Schreiben Sie weiter über Kunst im weitesten Sinne, aber für die Sportredaktion sind Sie zurzeit nicht tragbar. Tut mir leid, aber so ist es nun mal.«

Als freier Mitarbeiter der Sportredaktion war ich somit gefeuert. Ott hatte kalte Füße bekommen, und getreu dem alten Radfahrerprinzip – nach oben buckeln und nach unten treten – glaubte er, mit diesem Bauernopfer den Konsens zwischen Presse und Ligafußball wiederhergestellt zu haben.

Diese Ohrfeige musste ich erst mal verdauen. Ich ging zum Bahnhof, kaufte im Presseshop einige Gazetten und setzte mich an einen leeren Tisch in der Bahnhofgaststätte. Ich schlug die Sportseiten auf, bestellte einen Schoppen Frankenwein und fand mich wieder als Schlachtopfer im erbarmungslosen Gemetzel der aufgewühlten Sportmedizin:

Seniler Medienleviathan verunglimpft Ärzte, Physiotherapeuten, Masseure und Ernährungsberater!, wetterte ein Teammanager mit breiter Rückendeckung der boulevardesken Zeitungsmafia.

Verbaldiarrhö eines Amateurzynikers – lautete eine andere mich heiter stimmende Schlagzeile. Dabei ist die Pressefreiheit im Grundgesetz verankert. Was sollte also diese Aufregung? Offensichtlich hing der Schlips doch tiefer, auf den ich da getreten hatte. Und wenn nicht? Was wäre die Welt ohne Fehler? Wenn die Gegner keinen machen, dann hätte unser Club bis heute auch noch kein Spiel gewonnen.

Ich bestellte mir einen zweiten Schoppen Frankenwein. Gegen einen trockenen Silvaner war ja nichts einzuwenden. Und kein

Geringerer als Gottfried Benn hatte sich in dieser Angelegenheit bereits bahnbrechend geäußert:

Potente Gehirne stärken sich nicht durch Milch, sondern durch Alkaloide.

Der Mann war Arzt und Lyriker. Der musste es ja wissen.

Mich ging dieses Gezeter eigentlich nichts mehr an. Rausgeschmissen und mundtot gemacht. Trotzdem kein Grund, sich ins Exil zu flüchten. Ich stand mit meiner Auffassung ja nicht allein. Das würden die Leserbriefe in den kommenden Wochen zeigen. Und dann würde Herr Ott vielleicht wieder auf der Schleimspur angekrochen kommen, nachdem er bei den ersten Kritiken eingeknickt war wie eine feucht gewordene Salzstange. Ich hatte ja nicht den gläsernen Fußballer gefordert, sondern mehr Prävention und individuelle Leistungsdiagnostik. Das konnte ja so falsch wohl nicht sein. Offenbar unterstellten mir diese Leute, dass ich den Anspruch hatte, den Fußball neu zu erfinden.

Ein bisschen Diarrhö. Mein Gott. Das kennt doch jedes Kind. Da musste man sich doch wirklich keinen Kopf machen. Was meine Eingeweide anging, da tobte der Krieg der Enzyme. Jeder, der schon mal obergäriges Bier getrunken hat, weiß das. Ich mochte mich aber nicht unablässig mit den durch die Wechselfälle des Lebens herausgeforderten Bedürfnisverschiebungen befassen. Da war noch mehr …

Ein inständiger Wunsch von mir ist zum Beispiel die Inanspruchnahme einer noch zu legitimierenden Hirntransplantation. Danach müsste einiges möglich sein. Aber ich war bei den Eingeweiden beziehungsweise bei der in ihnen außer Kontrolle geratenen Darmflora.

Wie konnte ich diesem Dilemma entrinnen? Keine Ahnung. Aber da sich irgendwann eines nahen oder fernen Tages in einer anderen Dimension Raum und Zeit auflösen würden, war das vielleicht auch alles nicht mehr so wichtig.

Der Wein erwies sich jedenfalls erneut als treuer Freund, spendete Trost und führte mich zurück in die triumphale Geisteswelt eines Oscar Wilde: *Gebildete widersprechen anderen, der Weise widerspricht sich selbst.*

Da hatte mir der alte Dandy doch noch mal schön aus der Patsche geholfen, und beschwingt, wenn auch etwas torkelnd, trat der Weise den Heimweg an.

12

Eine weitverbreitete Verunglimpfung der Altersgruppe der plus Sechzigjährigen besteht in der Feststellung: *Die reden ja nur noch über Krankheiten.*

Dabei ist ja nicht zu leugnen, dass es häufig an Stellen zwickt, die uns bisher gar nicht bewusst waren. So machte sich der Alterungsprozess bei mir schon nach einer Nacht mit auf Kipp gestellten Fenstern bemerkbar. Ich wachte anschließend mit Genickstarre auf. Das konnte nichts anderes heißen als: Ich werde bereits verletzt – durch Luft!

Ohnehin war mein Einschlaf- und Schlafverhalten durch missliebige Formen von Beweglichkeitsstörungen gekennzeichnet, wobei sich eine womöglich alkoholische Abstinenz durch das Fehlen des seditativen Elements geradezu verheerend auswirkte. Unter der Erosion der Jahre waren die Zehenspitzen in ein gefühlloses Trauma (Polyneuropathie) geraten, während jahrzehntelanges verkrampftes Schwingen von Tennis- und Golfschlägern zu beidseitigen Rupturen der Supraspinatussehnen im Schulterbereich geführt hatte. Die Folge waren permanente Schleimbeutelentzündungen, die eine seitliche Schlaflage in Selbstfolter verwandelten. Die Tatsache, dass ich auf dem Rücken liegend nächtliche Apnoen und Atembeklemmungen mit Angstzuständen als aus dem Leben weisende Grenzerlebnisse zu verarbeiten hatte, ließ erahnen, dass auch dies keine befriedigende Option war. Was war also zu tun? Im Sitzen oder Stehen schlafen? Das wollte gelernt sein. Der Erholungseffekt konnte dabei zu kurz kommen. Die SEM-Phase (Small Eye Movement) fand gar nicht statt, da ich in der ersten Stunde mit unstetem Blick das von den Fensterscheiben reflektierte Licht-Schattengewirr verfolgte, ehe ich in den totengleichen Schlaf des REM-Zyklus (Rapid Eye Movement) versank, der dann allerdings regelmäßig zu früh durch das schmerzhaft empfundene

Weckerschrillen aufgeschreckt wurde, wobei sich das REM unter grimassenartigem Verzerren der Gesamtgesichtsmuskulatur als ein lemurenhaftes Fratzenbild manifestierte. Dessen ungeachtet: Schlaf soll schöner machen. Nun, warum nicht?

Langsam kam ich ja auch in die Primetime für den Austausch von Knie- und Hüftgelenken gegen künstliche Ersatzteile. Herzen und Nieren wurden transplantiert und Zähne implantiert, der schrundige Kehlkopf mit einem Mikrofon wieder auf Sendung gebracht oder ein künstliches Gebiss eingesetzt – spätestens dann wusste man, dass man nur noch als »tickende Zeitbombe« durch die Gegend taperte. Kurz gefasst: Alles in allem keine Win-win-Situation. Andererseits: Künstliches Hüftgelenk – das geht ja noch. Ich kenne einen, der hat fünf Wochen nach dem Einbau schon wieder Tennis gespielt. Nach der Raucherbeinamputation wird man die Sportaktivitäten wohl eher in den Indoorbereich (Schach oder Mühle) verlegen müssen.

Wenn ich auch dessen ungeachtet nicht zu bewegen war, gewisse Vorsorge-Untersuchungen über mich ergehen zu lassen (wer will denn eine die Lebensqualität zerstörende Diagnose aus berufenem Munde überhaupt hören?), so war ich gerade noch bereit, mich einer jährlichen Blutuntersuchung nicht zu verweigern, obwohl ich bisher keine alarmierenden Signale für ein lange währendes Siechtum bei mir erkannt hatte – mit Ausnahme von morgendlichen Lähmungserscheinungen im Rücken- und Halswirbelbereich, die aber auf unkontrollierte Einschlafbewegungen durch Alkoholmissbrauch zurückzuführen waren. So betrachtet stellten auch die Blutwerte keine wirkliche Beunruhigung dar. Wie immer erhöht, die Werte der Transaminasen als Indiz für erhöhten Weingenuss und auch der Harnsäure-Parameter als Gichtindikator nahmen einen stabilen Platz im oberen Bereich ein.

»Sie essen zu viel Fleisch«, rügte der Internist.

Wahrscheinlich Vegetarier. Lebte vom Salatexzess. Und die Kaninchen könnten dann sehen, wo sie bleiben. Kein Alkohol, kein Fleisch – wer wollte denn da noch von Lebensqualität reden? Ich schrieb diesen Blutparametern seit Jahren einen gewissen Unterhaltungswert zu, in der Art eines physiologischen Fingerprints. Bedauerlicherweise ergab sich bei der letzten Kontrollmessung aber auch noch ein zarter Hinweis auf einen verdächtigen Schilddrüsenwert. Das war neu. Die zu Rate gezogene Spezialistin sprach von einem »heißen Knoten« und ließ mir die Wahl: Entweder eine Schilddrüsenoperation mit der nicht auszuschließenden Möglichkeit, dass mir der Operateur das Stimmband zersäbelte, oder eine radioaktive Schluckbehandlung verbunden mit einem einwöchigen Quarantäne-Aufenthalt.

Da ich immer laut und gerne rede, gab ich den Gammastrahlen den Vorzug und ließ mich von Violetta in eine Spezialklinik fahren, der noch ein vielschichtiges allgemeines Krankenhaus angeschlossen war.

Nach meiner Registrierung in der Aufnahme wurde ich untersucht und belehrt, dass ich am nächsten Tage nach der erfolgten radioaktiven Dröhnung in ein wandelndes Kernkraftwerk transformiert würde und eine Strahlengefahr für die Umwelt darstellte. Somit müsste ich für eine gewisse Zeit aus dem Verkehr gezogen werden und dürfte mein Zimmer erst nach fünfzigprozentigem Abklingen der Radioaktivität wieder verlassen – allerdings vorerst nur in den erweiterten Bereich der Isolierstation. Am heutigen Aufnahmetag war es allerdings gestattet, mit Patienten aus anderen (radionuklidfreien) Stationen in den Aufenthaltsräumen und im Speisesaal noch Kontakt zu pflegen.

Ich nutzte die Zeit bis zum Abendessen um achtzehn Uhr mit einem kleinen Bummel durch die niedersächsische Kleinstadt und erstand in einem Buchladen ein Lehrbuch über eine völlig neue Golftechnik, das sogenannte Swinggolf, das sich sehr kritisch mit dem weltweit in Trainerstunden angebotenen Technikgolf auseinandersetzte. Insbesondere Spaß am Golf bis ins hohe Alter ohne die gerade dann virulenten Rückenbeschwerden wurde von den Swinggolf-Gurus versprochen – die ideale Lektüre also, um auch in den nächsten Jahren sportlichen Herausforderungen gerecht zu werden. Da das von mir ausgeübte Technikgolf in den letzten Jahren zu nicht mehr als zu einem multiplen Defektsyndrom geführt hatte, entschloss ich mich, während meiner Quarantäne auf der »Tschernobyl-Station« ein intensives Trockentraining durchzuführen.

Zur Vorbeugung, dass es in diesen Tagen nicht auch noch zu einer Trockenstarre der Leber kam, hatte ich mich mit einigen Flaschen Rotwein eingedeckt. Ein Mitbringsel, das zwar vom diensthabenden Personal kritisch beäugt wurde, aber nicht auf dem Index der Klinikleitung stand.

Zur Vertiefung der golferischen Trockenübungen hatte ich mir in einem Golfgeschäft noch einen Kinderkurzschläger besorgt, dessen Mitführung ich der Stationsschwester mit dem Hinweis erläuterte, dass ich seit frühen Jugendtagen an Klaustrophobie litte und das traumatische Erlebnis des Weggeschlossenseins bei mir zu einem derartigen Emotionsstau führen könne, dass ich mir den Weg in die Freiheit notfalls mit Gewalt durch verschlossene Türen bahnen müsse, um nicht als Alternative einen suizidalen Sturz aus dem Fenster zu riskieren.

»Ich muss dann da raus, und zwar sofort, verstehen Sie?«, appellierte ich an den versteinerten Stationsdrachen, der sich schlagartig bekreuzigte.

Wie beruhigend zu sehen, dass sie sich aufgehoben fühlte in ihren religiösen Gewohnheiten.

Am Abend vor meiner Isolationshaft nutzte ich die Erlaubnis der Klinikleitung, am gemeinschaftlichen Abendessen im Speisesaal teilzunehmen. Hier trafen geh- und essfähige Patienten aus den verschiedenen Stationen des Krankenhauses zusammen.

Ich setzte mich an einen freien Platz an einem Tisch, an dem sich bereits zwei Damen und zwei Herren niedergelassen hatten. Im öden Klinikalltag beanspruchte das Gesicht eines Neuankömmlings offenbar unverzüglich das Interesse der alten Belegschaft.

»Was hat Sie denn in dieses Zentrum der Lebensfreude verschlagen?«, begrüßte mich ein glatzköpfiger Herr am Tisch, der sich mit Schulz, Kapellmeister im Ruhestand vorstellte.

Bei den anderen Tischnachbarn handelte es sich um zwei ältere Damen, die aus der Lüneburger Heide stammten. Frau Weiß betrieb eine Heidschnuckenzucht als Anhängsel zu einem Imkereibetrieb, wohingegen Frau Kessler als Empfangsdame in einem Wellness-Hotel tätig war. Der Vierte im Bunde war ein Uhrmacher aus Herford.

Ich erläuterte meinen Tischnachbarn, dass ich hier nur ein einmaliges Gastspiel gäbe, da man mich ab morgen aus dem Verkehr zöge.

»Da sind wir ja beinahe Leidensgenossen«, rief der Kapellmeister. »Mich schließen sie nachts ebenfalls weg. Ich bin somnambul – Schlafwandler. Die Ärzte nennen es auch Parasomnie.«

»Waren Sie denn auch schon auf dem Klinikdach?«, erkundigte ich mich teilnahmsvoll. Ein Leben aus der Vogelperspektive könnte ja gewisse Reize haben.

Nein, so weit sei es noch nicht gekommen, beschwichtigte Herr Schulz.

»Aber ich bin nachts schon unterwegs gewesen und habe den halben Kühlschrank leergefressen, ohne dabei aufzuwachen. Das Schlimme daran war, dass ich mich nicht mit dem Inhalt des Kühlschranks begnügt habe, sondern auch einen Beutel ungekochter Spaghetti runtergewürgt habe. Anschließend zurück ins Bett und weitergeschlafen. Das große Kotzen kam am nächsten Morgen nach dem Aufwachen. Aber inzwischen haben mich die Ärzte unter Kontrolle – in einem Schlaflabor.«

Schulz wirkte wie befreit. Eine ergreifende Geschichte. Ich kämpfte mit den Tränen.

Jetzt wurde auch der Uhrmacher gesprächig und verwies auf eine der normalen Lebensqualität gleichfalls abträgliche Krankengeschichte.

»Ich rieche nichts mehr. Seit zwei Jahren«, klagte er. »Am Anfang habe ich gedacht, es wäre nur eine allergisch bedingte Schleimhautschwellung, aber dann deutete mein wohlmeinender Hausarzt an, es könnte auch ein Tumor sein. Der Blödsinn ist jetzt ausgeräumt – der Chefarzt hier geht von psychischen Störungen aus. Mich nennen sie auch schon den großen Schnüffler. Jeden Tag halten sie mir Duftgranaten wie Schwefelwasserstoff, Kampfer, Vanille und Rosenöl unter den Riechkolben. Anosmie hieß die erste Diagnose. Der fehlende Geruchssinn kann ja auch in manchen Lebenssituationen ein Glücksfall sein. Aber in letzter Zeit riecht alles verfault – einfach nach Scheiße. Genau wie dieses Essen hier. Jetzt haben sie die Diagnose erweitert. Aus der Anosmie ist eine Kakosmie geworden.«

Ich sage es mal so, mein Appetit hielt sich in Grenzen. Ein Grenzfall der Anorexie.

Der Uhrmacher brach plötzlich in Tränen aus und wurde von den beiden Heideköniginnen in den Arm genommen.

»Das kommt alles wieder, verlassen Sie sich drauf, tröstete ihn Frau Kessler. Ich kenne jemanden, der hat monatelang nur Essig gerochen und dann kam der Geruchssinn langsam zurück. Ursache war eine Virusinfektion – sonst nichts.«

Dankbar quittierte der Kakosmatiker die Tröstungen mit einem mürben Lächeln.

Ich stellte mir gerade vor, welche verheerenden Auswirkungen der Verlust des Geruchssinns auf die Zukunft meines Weinkellers haben würde, als es aus Frau Weiß herausbrach.

Sie sei ein Opfer ihres Schafstalls geworden. Die Hütte sei von den in den Holzschutzmitteln enthaltenen Pestiziden wie Pentachlorphenol und Lindan chronisch vergiftet gewesen. Angefangen habe es mit Übelkeit, Durchfall und Haarausfall. Dann wären Krämpfe und Zuckungen in den Gliedern dazu gekommen. Auch das Kurzzeitgedächtnis werde immer lückenhafter. Von ihren Sexualstörungen und der eh verminderten Libido wolle sie lieber erst gar nicht reden.

Nun, irgendwann musste man ohnehin alles aufgeben – auch das prokopulative Denken. Dennoch hätte ein von humanistischem Credo getragenes Trostwort hier wohl verfangen können. Aber aufgrund einer durchgreifenden emotionalen Minderbegabung blieben meine Lippen verschlossen.

»Ich bin jetzt seit vier Wochen in der Klinik, weil bei mir eine Entgiftung über Trägersubstanzen durchgeführt wird. Aber was am Ende dabei rauskommt, weiß ich nicht, sagte sie schulterzuckend.«

Nun drängte es auch Frau Kessler, der Tischbesetzung Einblicke in ihren Leidensweg zu geben.

»Wenn ich erst einmal anfange, euch mein Leben – ach was sage ich? – Vegetieren mit der Migräne zu schildern ...«

»Bloß das nicht, Hildegard«, fiel ihr Frau Weiß ins Wort. »Du hast es überstanden und kommst in drei Wochen hier raus und kannst dir mit deinen Aspirinpillen einen schönen Lebensabend machen.«

Gerne hätte Frau Kessler noch etwas Schwerblütiges gesagt, aber da war es wie abgeschnitten. Als Vorreiterin der Genesung musste man auch einmal innehalten.

Langsam setzte bei mir eine unstillbare Sehnsucht nach schlagartiger Abschottung in meinem bleigepanzerten Atomverlies ein. Ich verzehrte schweigend meine letzte Mahlzeit in radionuklidfreier Luft, ehe ich mich von meinen Tischnachbarn mit den besten Wünschen verabschiedete.

Am nächsten Tag erhielt ich meine radioaktive Schluckimpfung. Personenkontakt gab es jetzt keinen mehr. Das Essen wurde durch eine Wandschleuse in mein Zimmer befördert. Der mitgeführte und nach drei Tagen konsumierte Rotwein war das Einzige, was zur Gemütsaufhellung beitrug. Eigentlich fehlte mir nicht viel. Die neue Golflektüre und der Phantomschwinger boten einiges an Zerstreuung.

In Augenblicken der Selbstversenkung versuchte ich zu ergründen, woran das fortschreitende Alter bei mir selbst festzumachen war. Sicherlich nicht an dieser Kliniksituation. Die hatte ja geradezu etwas von einer Besinnlichkeitsklausur und hätte auch Jüngere treffen können.

Es war das Festhalten an Strukturen, aus denen ich eigentlich herausgewachsen war, und betraf alle Lebensbereiche. So forcierte ich besonders den Umgang mit Menschen jüngerer Generation. Das betraf nicht nur den Lebenspartner, sondern vor allem das dazugehörige Umfeld.

Ich vermied jegliche Accessoires, die auch nur entfernt an eine Graue-Panther-Zugehörigkeit erinnern konnten. Einem Ergrauen der Haare wurde alle sechs Wochen mit einer fast naturgetreuen Tönung ein Riegel vorgeschoben. En vogue befindliche Runderneuerungen zur Botox-Schabracke nach dem Motto *Frisch entstellt unter die Leute!* mussten zum Glück nicht in Betracht gezogen werden, da sich der physiognomische Verfall trotz oder gerade wegen des regelmäßigen Konsums reintöniger Weine nur äußerst langsam vollzog. Ein feister Sülzkopf hatte eben auch sein Gutes. Von den erfahrungserodierten Gesichtszügen gar nicht erst zu reden.

Die Zeit verging nur langsam in der Quarantäne. Ich stellte mir überflüssigerweise die Frage, ob mir überhaupt die Fähigkeit gegeben sei, glücklich zu sein. Falls dies nicht der Fall sein sollte, konnte es mir eigentlich egal sein, wie lange das hier drinnen und da draußen noch dauern würde. Andererseits – da ich keine blasse Ahnung vom wirklichen Glück hatte, war der Verlustfaktor auch nicht so hoch anzusetzen. Es hing wohl alles nur an den Hormonen, und wenn sich in absehbarer Zeit nichts mehr tun sollte, konnte man ja immer noch über eine Geschlechtsumwandlung nachdenken.

Der Blick aus dem Fenster verhieß wenig Erbauliches. Ein gepflasterter Innenhof, auf dem sich Martinshorn-bewehrte Notarztwagen ein Stelldichein gaben. Verbissen schwang ich meinen Minigolfschläger. Gern hätte ich ein paar Bälle durch die Scheiben gedroschen, aber dem Personal fehlte ja jeglicher Sinn für Bewegungsästhetik und Longhitterträume.

Nach einem kurzen Schwungexzess sank ich wieder in meinen Sessel, schloss die Augen und fühlte mich im Einklang mit der Lehre Laotses: *Tue nichts, und alles ist getan.*

Nach einer Woche Atomverlies ebbte das Knacken des Geigerzählers bei der Messung der Rate meiner radioaktiven Belastung nachhaltig ab, und ich wurde entlassen.

Violetta holte mich ab und machte den vor Nächstenliebe triefenden Vorschlag, am heutigen Abend ein Video des Spielfilms *Hiroshima, mon Amour* gemeinsam zu genießen. Irgendwie hatte ich sie zum Fressen gern – mein italienisches Opernungeheuer.

13

Mariella quittierte meinen Wiedereintritt ins häusliche Umfeld mit offensichtlicher Freude, da sie mit den Erziehungsvorgaben ihrer Mutter nicht immer einverstanden war, was häufig zu lautstarken Auseinandersetzungen führte. Ich war da fein raus. Ohne die Funktion eines Erziehungsberechtigten wirkte ich gewissermaßen als Ombudsmann zwischen den Streithähnen oder besser: -hühnern.

Die Reibungspunkte ergaben sich aus dem abendlichen Zeitfenster, für die dem Schlaf vorausgehenden Hygienemaßnahmen sowie der Länge der täglichen Verweildauer vor dem Computer und dem Fernseher.

Hinsichtlich der Computerkritik wurde allerdings auch mir als Vermittler entgegengehalten, dass ich aufgrund meines fortgeschrittenen Alters gar nicht mehr in der Lage sei, die modernen Kommunikationsmöglichkeiten wie das Chatten oder das Simsen überhaupt gebührend zu würdigen.

»Was verstehst du denn schon vom Internet?«, erlaubte sich diese Halbwüchsige mich an den Pranger zu stellen.

Ich verwies in gebotener Höflichkeit darauf, dass Männer im Gegensatz zu heranwachsenden weiblichen Geschöpfen in der Lage seien, ihr Informationsbedürfnis zu bündeln und in Kürze auf den Punkt zu bringen.

»Es geht uns nicht um pausenlose Produktion nichtssagender Hirnfürze, die dann auch noch in elektronische Schriftbilder gegossen werden müssen. Auch stundenlange Simsaktionen bringen die Kommunikationssüchtigen in ihrem Weltverständnis zumeist keinen Schritt weiter. Deshalb müssen sie es ja anschließend wieder probieren.«

Natürlich war ich mir bewusst, dass in unserer älteren Generation die Zahl der Computerfreaks nicht mit der ihres Jahrgangs vergleichbar war, doch trotz dieser Unterstellung hielt ich das Banner der »Silversurfer« hoch.

»Wir spielen nicht mit dem Computer: Wir arbeiten damit. Du darfst getrost davon ausgehen, dass ihr jugendlichen Hüpfer dereinst auch an der Würde des Alters teilhabt.«

Auf den anderen Kriegsschauplätzen hielt ich mich zurück, im Gegenteil: Ich konterte mit einer Charmeoffensive, indem ich Mariella zu einer Bahnreise über die Pfingstfeiertage nach Berlin einlud, was mir bei Violetta zusätzliche Digits eintrug.

Der Start der Reise stand allerdings unter keinem guten Stern. Auf der Umsteigestation Hannover ging es nicht mehr weiter. Infolge eines heftigen Unwetters war es zu einem Oberleitungsschaden gekommen; die Bahn (Leitspruch: *Wir fahren immer!*) sah sich nicht in der Lage, einen auch nur halbwegs verlässlichen Termin zur Weiterfahrt anzugeben. Die Berlinreise stand somit kurz vor dem Aus, ehe sie begonnen hatte. Der Not gehorchend entschloss ich mich dann, zur grenzenlosen Begeisterung meiner Reisegefährtin den finanziellen Rahmen dieser Reise explosionsartig zu sprengen, indem ich vor dem Bahnhof Hannover eine Taxe orderte, die uns direkt nach Berlin bringen sollte. Die Fahrt mit einem afghanischen Taxifahrer, der Berlin nur vom Hörensagen kannte und die Grenzen Hannovers bis dato noch nicht überschritten hatte, geriet allerdings zum Lotteriespiel.

Die Streckenunkundigkeit des Mannes aus dem Hindukusch nahm zwischenzeitlich derartig beängstigende Formen an, dass ich vorschlug, ihn am Steuer abzulösen, um die deutsche Hauptstadt doch noch vor dem Pfingstfest zu erreichen. Kurz vor Mitternacht hatten wir es dann unerwarteterweise doch geschafft und den Pendler zwischen den Welten mit dreihundert Euro entlohnt. Ob er je wieder nach Hannover zurückgefunden hat, ist mir allerdings nicht bekannt.

Im Hotel bezogen wir ein Appartement mit zwei getrennten Bettnischen. Somit war die junge Dame auch weitgehend vor meinen nächtlichen Schnarchtiraden geschützt. Das hatte den Vorteil, dass Mariella zu ungewohnt vorgerückter Stunde in einen murmeltierartigen Schlaf fiel, während ich mich hingegen von den Kunstfertigkeiten des Barkeepers an der Hotelbar überzeugen konnte.

Am nächsten Tag absolvierten wir ein volles Programm mit Shopping im KaDeWe, Besuch des Berliner Zoos, Stadtrundfahrt und anschließendem Abendessen in einem italienischen Restaurant, dessen Interieur mit freizügigen Personengemälden aus der Welt der käuflichen Liebe eine besondere Erlebnisnote vermittelte.

Als Dreizehnjährige hatte Mariella durchaus schon eine Vorstellung davon, was ein Puff ist, weshalb sie auch mit lautem Jubel meinen Hinweis quittierte, dass der schmerbäuchige Glatzkopf mit der in Rollwürsten herunterhängenden Unterhose, der einer sich lasziv auf der Bettstätte rekelnden Liebesdienerin ein nicht allzu rätselhaftes Anliegen näherbringen wollte, mich geradezu fatal an ihren Schuldirektor erinnere.

»Genau, das ist er«, schrie sie und vermeinte noch eine verräterische Warze unter dem Kinn des Freiers wiederentdeckt zu haben.

»Wie findest du es, dass das alte Ferkel sich in einem Bordell hat malen lassen?«, provozierte ich sie.

»Cool, das hätte ich ihm nicht zugetraut.«

»Die Bilder sind käuflich zu erwerben«, stellte ich fest. »Wir sollten das *Direktorbild* kaufen und es der Schule vermachen«, schlug ich vor.

»Würdest du das tun?«, fragte sie atemlos.

Noch damit beschäftigt, einen Berg Spaghetti in einem Löffel aufzurollen, fügte ich hinzu:

»Leider ist der Kaufpreis auf dreitausendfünfhundert Euro festgelegt. Etwas zu viel der Ehre für einen Schuldirektor.«

Mariella war etwas enttäuscht oder tat wenigstens so. Wahrscheinlich hatte sie mich durchschaut. Aber ihre Neugier war erwacht.

»Warst du schon einmal in einem Puff?«, fragte sie mich ungeniert.

Auf die Beantwortung dieser Frage hätte ich bei gewissenhafter Durchforstung meiner Vergangenheit einiges an Zeit verwenden müssen. Ich begnügte mich jedoch mit dem Hinweis:

»Ja, einmal, als sehr junger Mensch.«

Das Thema schien Mariella zu fesseln.

»Und wie war das?«

»Nur sehr kurz«, antwortete ich ziemlich wahrheitsgemäß.

»Wieso kurz? Hat sie dich gleich nach Hause geschickt?«

»Das nun gerade nicht. Aber es ging alles viel zu schnell.«

»Wieso schnell?«, insistierte Mariella.

»Na ja, ich war einfach zu aufgeregt, und puff, war der Schuss raus.«

Mariella verfiel auf eine jagdliche Assoziation:

»Aha, der Schuss, und daher das Wort Puff«, ergänzte sie das Worträtsel.

Natürlich hatte sie genau verstanden, wie meine Erklärung zu deuten war, und bog sich vor Lachen, während ich mit fünfzigjähriger Verspätung errötete.

Aber ihr Bildungshunger war immer noch nicht gestillt.

»Passiert das allen jungen Männern?«, wollte sie von mir wissen.

»Sehr vielen«, gab ich mich sendungsbewusst. »Jungen Männern fehlt es oft noch an gewissen Kontrollmechanismen – da spielen dann die Hormone verrückt.«

»Ah ja, Hormone, diese Sexviecher. Kenne ich aus dem Sexualkundeunterricht. Wer hat eigentlich mehr davon? Männer oder Frauen?«

»Das ist unterschiedlich. Aber im Alter werden es weniger. Bei beiden.«

Mariella wurde nachdenklich.

»Dann ist es also besser, mit älteren Männern Sex zu haben.«

Jetzt wurde es kritisch. Ehe es hier zu inzestuösen Gedankenspielen kommen und sie mich überflüssigerweise in die Kandidatenliste für eine Defloration oder darüber hinaus gehende Aktivitäten aufnehmen konnte, musste ich schleunigst eine Abgrenzung vornehmen.

»Wenn die männlichen Partner in dieser Lebensphase vielleicht bis zu zehn Jahren älter sind, dürfte es kein Problem geben. Das ist schon in Ordnung. Aber wenn du dich in einen gleichaltrigen oder sogar jüngeren Heiopei verknallst, musst du mit allem rechnen. Vielleicht ist es nur ein Bastelerlebnis oder auch mehr. Aber ob man überhaupt jemals im Leben den idealen Partner findet, das weiß man ohnehin nie.«

»Du und Mama?«, fragte sie, nun zum Glück auf eine andere Ebene abschwenkend, »seid ihr ein Idealpaar?«

»In vielen Punkten schon«, antwortete ich wahrheitsgemäß, »aber es gibt auch Bereiche, wo wir auf verschiedenen Planeten leben.«

»Welche?«, wollte sie sofort wissen.

»Mariella«, sagte ich bestimmt, »ich werde dir hier nicht mein ganzes Innenleben offenbaren, aber du kannst davon ausgehen, dass die wesentlichen Lebensumstände zwischen uns geregelt sind. Aber es wäre natürlich schön, wenn Mama nicht permanent einen fröhlichen Umtrunk verweigern würde.«

»Alter Saufsack!«, antwortete sie grinsend.

»Weinkenner«, korrigierte ich.

»Wie alt warst du eigentlich beim ersten Mal?«, nahm sie plötzlich den alten Gesprächsfaden wieder auf.

»Siebzehn», antwortete ich sehr bestimmt, »bis dahin solltest du dich auch ein wenig zurückhalten.«

Mariella bedachte mich mit einem verheerenden Was-willst-du-denn-eigentlich-Alter-Blick.

»Das ist ja voll die Steinzeithärte«, begehrte sie auf. »Manno, bei so einem Opa-Gelaber fällt mir glatt die Zahnspange in die Suppe. Ich habe keinen Bock mehr auf diesen ganzen Scheiß. Ballettunterricht bis zum Wadenkrampf, Klavierstunden, Mathe-Nachhilfe, keine Cola, keine Pommes und um zehn ins Bett. Wie soll man da noch einen kennenlernen?«, fragte sie mich genervt, wobei ihr unversehens ein Rülpser entfuhr, für den sie sich – es war ihr offensichtlich peinlich – sofort entschuldigte.

»Das wird schon«, sagte ich und legte ihr meine Hand auf ihren Arm. »So, wie du aussiehst, stehen die Kerle bald Schlange.«

Mariella nickte gefasst. Ich zahlte, und wir nahmen ein Taxi zum Hotel.

Am nächsten Tag verbrachten wir mehrere Stunden auf dem Straßenfest *Karneval der Kulturen* in Kreuzberg, einer multikulturellen Massenveranstaltung mit weit über tausend Ausstellern und fast einer Million Besuchern über vier ganze Tage. Nachdem wir indische Ohrringe, einen sehr fragilen Armreif mit ihrem eingravierten Namen (der prompt auf der Rückreise in die Brüche ging) und aus einem umfangreichen T-Shirt-Angebot ein Exemplar mit dem Aufdruck *Hier kommt die Katastrophe!* erstanden hatten, zog im Westen eine bedrohlich schwarze Unwetterfront auf. Während die Straßenfestbesucher von dem sich ankündigenden Wetterumschwung in ihrer Kauf-, Trink- und Tanzfreude keine Notiz nahmen, trat ich mit Mariella einen fluchtartigen Rückweg an. Mit dem ersten Blitz- und Donnerschlag retteten wir uns in ein kleines italienisches Restaurant. Unmittelbar darauf folgte ein blizzardartiger Hagelschauer, der die Straßen in eine Eis- und Schneepiste verwandelte. St. Moritz an der Spree. Und das zu Pfingsten. Völlig durchnässt und atemlos suchten noch einige andere Passanten Zuflucht in der kleinen Taverne. Die Taxen hatten für die nächsten zwei Stunden ihre Dienste eingestellt.

Ungewollt wurden Mariella und ich Zeugen eines Disputs zwischen einem Pärchen, das schon gut durchnässt hier noch Unterschlupf gefunden hatte.

»Du schuldest mir noch einen Haufen Geld, fauchte die Frau ihren Begleiter, offensichtlich osteuropäischer Herkunft, an. Glaube nur nicht, dass ich für dich als kostenlose Matratze arbeite. So gut bist du auch wieder nicht. In Zukunft kannst du dein Ding bei deiner Großmutter reinstecken – bei mir ist jedenfalls Schluss. Ich will sofort meinen Wohnungsschlüssel zurück und mein Geld.«

Der Osteuropäer deutete durch bedrohlich hektische Bewegungen an, dass es um den zukünftigen Gesundheitszustand der Dame nicht gut bestellt war.

»Verlasst sofort das Restaurant«, donnerte der italienische Padrone dazwischen. »Bestellt habt ihr auch nichts. Steckt euch draußen den Schnee in den Hals!«

»Was waren das denn für uncoole Typen?«, fragte Mariella.

»Asi-Pack, Zuhälter, was weiß ich«, grantelte der Wirt. »Rumhuren, nichts bezahlen und dann die beleidigte Leberwurst spielen. So was brauchen wir hier nicht.«

»Zuhälter? Was hält der denn zu?«

»Gar nichts, Mariella, überhaupt nichts«, sprang ich ein. »Das hübsche Mädchen gibt das Geld dem jungen Mann, der zu ihr hält.«

Zwei Stunden später traute sich die erste Taxe wieder auf die Straße, und wir entschieden uns, den Berlinausflug mit einem Abendessen im Funkturm-Restaurant zu beschließen. Leider, ich hätte es wissen müssen, befanden wir uns auf dem falschen Funkturm am Messegelände, denn Mariella war eigentlich nur an dem doppelt so hohen Fernsehturm in Berlin-Mitte interessiert, dem sogenannten Telespargel, mit einem drehbaren Panorama-Restaurant. Sie wollte eben hoch hinaus.

14

Auch wenn sich phasenweise ein gewisser Lebensüberdruss einstellte, eines stand fest: An einer Wende meines Lebens war ich nicht mehr interessiert.

Bisher hatte ich noch meine konkreten Vorstellungen, wie ich mich mit den unausweichlichen, auf mich zukommenden Beeinträchtigungen in Zukunft auseinandersetzen sollte. Der schleichende Verlust der körperlichen Flexibilität hatte ja schon in den Vierzigern eingesetzt. Einen in der Lehrerbranche grassierenden Identitätsverlust, ausgelöst durch frühzeitige Berufsaufgabe, hatte ich durch meine freiberufliche Tätigkeit zunächst einmal blockiert. Bei der Hochrechnung der verbleibenden Lebenszeit wäre man freilich auf ärztliche Prognosen angewiesen, auf die glücklicherweise nur selten Verlass ist. Bahnbrechend in diesem Zusammenhang das Fazit meines Hausarztes: Prognosen sind meistens dann schwierig, wenn sie sich auf die Zukunft beziehen.

Die Menetekel der Alterskrankheiten von Arteriosklerose, Diabetes bis zur Hirnleistungsschwäche und Inkontinenz hatte ich noch verdrängt – einen gangbaren Ausweg würde es dereinst ohnehin nicht geben, es sei denn, endgültig Hand an sich zu legen. Die Lebensmaxime konnte also nur heißen: gelassen zu bleiben. Gelassen ist, so Meister Eckhart, wer alles gelassen hat.

Andererseits war ich durchaus noch daran interessiert, unabhängig von meinem persönlichen Umfeld Aufklärung darüber zu bekommen, ob es über die täglichen Begegnungen mit Menschen an der Flaschenrückgabe bei Aldi noch zu Begegnungen kommen könnte, die dem lädierten Selbstvertrauen einen Schub zu versetzen, ja, mehr noch: einen Wimpernschlag von Lustgewinn herauszuschlagen vermochten, und sei es auch nur im Rahmen eines unangemessenen Körperkontaktes.

In einer Art kindischer Trotzanwallung beschloss ich, in das weite Feld der Kontaktanzeigen einzutauchen.

Beim Aufschlagen der Wochenendbeilage unserer Tageszeitung wurde ich gleich in die erste Verlegenheit gestürzt. In welcher Rubrik wollte ich überhaupt fündig werden? Die Auswahlpalette war groß: *Sie sucht ihn. Er sucht sie. Er sucht ihn. Er sucht Paar. Paar sucht ihn.*

Eigentlich war mir alles recht. Aber die Rubrik *Sie sucht ihn* wollte ich nicht übergehen. Ich stellte mir eine Frau vor, die es schätzen würde, in ihrer stillen, ereignislosen Gegenwart mit mir eine Tasse Tee zu trinken. Eine Frau, die bestimmte Worte aus ihrem Leben ausgegrenzt hatte. Ihr das Gefühl für das Wiederentdecken der Sprache zu geben, das könnte eine sinnstiftende Aufgabe sein, um aus dem Alltag herauszugleiten. Anderseits: worüber reden?

Die Wunschvorstellungen der Damen, die ich der Anzeigen-Hotline entnahm, waren allerdings durchaus vielseitiger Natur, wie zum Beispiel *Junggebliebene Zicke sehnt sich nach dem Lehrmeister, der ihren Schmetterlingen im Bauch das Fliegen beibringt.*

Selbst Bären mit Vollbart und Bauch ab dreiundsechzig werden nicht verschmäht. Dann war ja noch nicht alles verloren. Im Garten puzzeln (grauenvolle Vorstellung) wollen viele, und dann gemeinsam kochen, am besten gleich mediterran. Ach hör mir doch auf, das kann ich schon gar nicht. Die mediterranen Gourmandisen weghauen und Wein in ausreichender Menge hinterherschütten, das wäre ausschließlich mein Part.

Auch die Altersdefizite werden elegant umschifft: *Lieber vierzig und würzig als zwanzig und ranzig*. Das hört man gern. Dann wäre dieses Problem ja auch schon mal aus der Welt geschafft.

In der Rubrik *Er sucht ihn* geht es offenbar um Gleichgewichtsgestörte: *Ich suche dich, um die Balance zu finden.* Schade für mich, denn ich bin leider selbst ziemlich wackelig auf den Beinen.

Im Internet geht es dann richtig zur Sache: *Wer geht mit mir in den Swingerclub? Ich bin scharf und willig und hatte lange keinen Sex mehr.* Ja, muss es denn gleich ein Swingerclub sein? Da schaun doch alle zu, und am Ende wird man noch von seinem Nachbarn begrüßt.

Aber das Kommunikationsniveau wird noch erweitert: *Sei mein Zureiter. Lass mich deine Dreilochstute sein.*

So weit, so schlecht. Für ein wenig mehr als nur Kurzweil musste ich mich schon selbst an die Front begeben. Über die Anzeigenhotline der Tageszeitung gab ich nachstehende Annonce auf:

Das kann doch noch nicht alles gewesen sein. Freiberufler, Journalist, zeitlich weitgehend ungebunden, Mittelalter und mit allen Wassern gewaschen, sucht heitere, spontane, ansehnliche Partnerin für Tiefsinniges und Oberflächliches. Spätere Heirat ausgeschlossen. Diskretion Ehrensache.

Von Hinweisen auf ein Ferienhaus auf den Malediven und der leichten Verwechselbarkeit mit Richard Gere hatte ich schweren Herzens abgesehen. Gegen diese Anzeige waren die Gartenfreunde, Vollbartbären und sonstigen Zureiter chancenlos. In meiner Telefon-Mailbox stapelten sich die Angebote. Schließlich entschied ich mich, zwei Kandidatinnen, die darauf hingewiesen hatten, verheiratet zu sein und an eine Trennung nicht dächten, näher unter die Lupe zu nehmen.

Die erste Kandidatin betrieb mit ihrem Angetrauten eine Sennerhütte in den Alpen, die im Augenblick saisonal geschlossen war. Der Mann befand sich jedoch noch in den Bergen, während sie sich von der von Glühwein- und Jagatee verpesteten Luft im norddeutschen Flachland bei Freunden erholte, weshalb sie aktuell praktisch immer Zeit habe.

Die zweite Kandidatin arbeitete in einer Firma, die Seminare veranstaltete, und lebte in der Welt der Flipcharts und Overheadprojektoren. Sie führte eine Wochenendehe und verfügte über ein ansehnliches Freizeitpotenzial.

Die Almlady sollte meine erste Gesprächspartnerin sein.

Wir hatten uns vor einem Café in der Innenstadt verabredet. Erkennungszeichen roter Schal. Hoffentlich kein FC-Bayern-Schal, dachte ich beklommen. Auf der gegenüberliegenden Straßenseite, unauffällig vor einem Boutiquefenster flanierend, nahm ich die Dame ins Visier: eine blonde Herausforderung. Gleichzeitig wurde ich eines Dekolletés ansichtig, dass auch andere Hardliner in Trunksucht und Verwahrlosung getrieben hätte. Vielleicht hätte sie in der Anzeige statt *etwas mollig* auch *XXL-Format* angeben können. Aber sei's drum.

Ich überquerte die Straße und sagte:

»Hallo, ich glaube, wir sind verabredet.«

Für einen kurzen Augenblick vermeinte ich einen wohlgefälligen Blick ausgemacht zu haben, dann streckte sie die Hand aus und sagte:

»Schön, dass du gekommen bist. Ich heiße Susanne.«

»Rudolf«, stellte ich mich vor. »Es gibt hier ein Café in der Nähe, da könnten wir plaudern.«

Sie nickte zustimmend und wenig später ließen wir uns an einem Ecktisch des Cafés zwei Kännchen Kaffee servieren. Ich kam mir vor wie ein typischer Café-Keese-Kavalier vom Kiez.

»Auch einen Cognac dazu?«, erbot ich mich, in der Hoffnung, die Anfangsdistanz schneller überwinden zu können. Sie lehnte dankend ab. Der Führerschein! Man könne ja nie wissen.

Nein, könne man nicht, aber ich nahm trotzdem einen.

»Warum bist du gekommen?«, fragte ich sie.

»Du hast es selbst formuliert in deinem Inserat: *Das kann doch noch nicht alles gewesen sein.*«

»Du bist verheiratet?«

Sie nickte.

»Aber es ist, als wenn ich mit einem Taubstummen zusammenleben würde. Er redet kaum, arbeitet viel und schläft abends vor dem Fernseher ein. Eine Trennung ist nicht möglich. Die Almwirtschaft gehört uns zu gleichen Teilen. Aber jetzt zu dir. Warum hast du die Anzeige aufgegeben?«

»Es sind die Vorboten des Alterns, die mich beunruhigen. Ich habe das Gefühl, in eine wachsende Abhängigkeit zu geraten, aus der ich mich durch ein gelegentliches Abstreifen der Fesseln befreien will.«

Susanne schaute mich eine gefühlte Ewigkeit lang an.

»Willst du mit mir schlafen?«, fragte sie unvermittelt.

Natürlich, das musste ja kommen. Die ultimative Sinnfrage. Aber wer hätte schon die Herzenskälte, sich einer solchen Bitte zu verschließen? Bedauerlicherweise war sie überhaupt nicht mein Fall. Doch wie kam ich jetzt raus aus der Nummer?

Das hätte noch etwas Zeit, beschwichtigte ich. Und auch das Problem mit einer dem Ereignis angemessenen Umgebung sei ja doch keineswegs gelöst.

»Was hältst du von einem Hotel?«, lautete die konsequente Frage, die ich mit dem Hinweis beschied, dass ich mir dort wie in einem Stundenetablissement gewisser Lebedamen vorkommen würde. Für eine affektive Beziehung wäre das weiß Gott kein Traumstart.

Wir trennten uns mit meiner vollmundigen Ankündigung, dass in Kürze alles geregelt sei. Da könne man auf mich zählen. Das Ganze war ein Schlag ins Wasser. Und wir beide wussten es.

Die Seminarlady traf ich einige Tage später in der Kunsthalle vor einem Bild von van Gogh. Bei ihrem ersten Anblick kam ich kurzzeitig in Versuchung, mir in memoriam des Großmeisters eine eigene Verstümmelung zuzufügen. Ich hätte doch besser auf einer fotografischen Vorinformation bestehen sollen.

Prima vista: ein apartes Gesicht, kein Zweifel, aber das Erkennungslächeln nach meinem dahingehauchten Hallo entblößte ein Pferdegebiss, das dem britischen Königshaus zur Ehre gereicht hätte. Alles kein Grund zur Beunruhigung, tröstete ich mich sofort wieder, hatte doch der mir an Wissen und Bildung weitaus überlegene Nietzsche (wenn auch in einer Vorphase beginnender Demenz) seinerzeit in Turin auf der Straße einen Droschkengaul umarmt. Im Grunde war es doch so: Schönheit entsteht erst im Auge des Betrachters.

Wir sahen uns an. Die Spannung war geradezu mit Händen zu greifen.

»Ich hatte gehofft, dass Sie diesen Termin nicht wahrnehmen würden«, sagte sie, und ihren klaren Gesichtszügen haftete etwas Unnahbares an.

»Nun bin ich aber schon einmal da«, antwortete ich. »Wir haben links die Worpsweder und rechts die Impressionisten und dazwischen die glorreiche Ungewissheit, wie es mit uns weitergehen wird. Lassen wir die Bilder sprechen, und bei einem Gläschen Wein im Kunsthallencafé können wir das erste Eis auftauen lassen.«

Das war zwar nicht sehr originell, aber immerhin ein Wirkungstreffer. Schon während des Rundgangs durch die Kunsthalle hatten wir die persönlichen Eckdaten ausgetauscht. Sie war geschieden, kinderlos und lebte ohne feste Bindung. Das war nicht ungefährlich, sollte man sich über das allgemeine Geplänkel hinaus später etwas näherkommen.

Das Kunsthallencafé war so überfüllt, dass ich es vorzog, eine Besinnlichkeitspause auf einer Parkbank einzulegen.

»Bist du unverheiratet?«, fragte sie mich unvermittelt.

Ein nicht gerade befeuernder Gesprächsansatz.

»Gut, dass du mich daran erinnerst«, antwortete ich. »Ich frage mich schon die ganze Zeit, wie dieser verdammte Ring an meinen Finger kommt. Das Altern macht einfach keinen Spaß mehr.«

Nach einer Gesprächspause sagte sie unvermittelt.

»Wir könnten zu mir gehen. Meine Wohnung ist nur fünf Gehminuten von hier entfernt.«

Darauf war ich nicht vorbereitet.

»Ich heiße übrigens Annika«, sagte sie.

Annika, so heißen neuerdings viele, dachte ich.

Es war ein kurzer Fußweg zu ihrer Wohnung. Ich war mir jedoch keineswegs darüber klar geworden, ob ich mich auf Annika einlassen wollte. Noch war Zeit auszusteigen und die bereits mich bedrängenden Schuldgefühle gegenüber Violetta abzublocken. Andererseits hatte ich dieses Szenario mit meiner Kontaktanzeige ja selbst ins Rollen gebracht. Das Risiko lag somit eindeutig auf meiner Seite, denn Annika hatte nichts zu verlieren, schließlich war sie nicht in festen Händen und finanziell unabhängig.

Nach dem Betreten ihrer Wohnung öffnete sie unverzüglich eine Flasche Weißwein und stellte zwei Gläser auf den Tisch. Dann entzündete sie zwei Kerzen auf Silberkandelabern und ließ sich neben mir nieder.

Kurzzeitig ging ich mit mir zu Rate, ob es jetzt geboten sei, ihr ohne weitere Umschweife an die Brust zu fassen und anschließend die rechte Hand in die Schenkelregion abtauchen zu lassen. Den aktiven Widerstand schätzte ich zumindest als gering ein.

Vorerst entschied ich mich jedenfalls erst mal für die etwas profanere Vorgehensweise und ergriff das Weinglas.

»Salut, Annika! Deine Wohnung gefällt mir: klar durchkomponiert.«

Annika nickte zustimmend.

»Dies ist sozusagen mein Mikrokosmos. Und es gibt niemanden, mit dem ich ihn teilen möchte.«

Sie stockte und sah mich fragend an.

»Zumindest bis heute nicht.«

Hastig stürzte ich mein Glas hinunter, siedend heiß fiel mir ein, dass ich die Standhaftigkeit und sexistischen Segen verheißende Tablette sträflicherweise in einer anderen Jackentasche deponiert hatte. So viel Schusseligkeit ist nicht von dieser Welt, dachte ich kurzzeitig verstört, um dann bei dem Gedanken Hoffnung zu finden, dass es sich bei dieser pharmazeutischen Wunderwaffe doch nur um eine Quantité négligeable gegenüber meinen naturbedingten Fähigkeiten handeln könne. Erst mal musste ich Zeit gewinnen.

»Hast du hier immer allein gelebt?«, wollte ich von ihr wissen.

»Nein, Harald ist vor sechs Monaten hier ausgezogen. Genauer gesagt: Ich habe ihn rausgeschmissen.«

Ich blickte sie fragend an.

»Nein, er hatte mich einfach zu oft angelogen. Aber was will man von einem Mann erwarten, der aus Geiz seine Kinder schon zum dritten Mal zur Adoption freigegeben hat.«

»Offenbar ein etwas gemütsschwacher Familienmensch«, wandte ich ein.

»Außerdem war er viel zu alt für mich.«

Ich hütete mich, weiterzufragen.

»Dich würde ich erheblich jünger einschätzen.«

Das war eine versteckte Fangfrage.

»Passt schon.«

Annika erhob sich und machte sich am Sammelturm ihrer CDs zu schaffen. Ich hätte wetten mögen, dass nun einer dieser abgehalfterten Kuschelrocks uns zum Einstieg in das erotische Biotop begleiten sollte. Doch weit gefehlt. Ein Griff in die Hochklassik. Mozarts späte S-Dur-Symphonie in ihrer majestätischen Faktur und stürmischen Bewegung, wenn auch der Klang der Geige etwas abgerundeter und schmiegsamer hätte sein können. Aber dafür war ja Annika da.

Für einen Augenblick war sie im Badezimmer verschwunden. Ich vermeinte, ein kurzes Rauschen der Dusche und heftige Zahnputzgeräusche ausgemacht zu haben. Die Vorbereitungsphase war in ihr finales Stadium eingetreten. Vorsorglich glitt ich aus meinen Schuhen und zog auch meine Socken aus eingedenk der klassischen Hinweise des Eheberaters Theodor Hendrik van de Velde, dass das Tragen von Socken während des Beischlafes ein Intimvergehen ersten Ranges sei. Da das sinngemäß auch für das Anbehalten des Unterhemdes galt, befreite ich mich ebenfalls von diesem Kleidungsstück, um auch auf dieser Ebene ein Fanal für die Sexual Correctness zu setzen.

In völliger Schamferne erwartete ich nun die nur noch mit einem Bademantel und Slip bekleidete hereinschwebende Annika. Ihr verlangender Blick ließ keine Zweifel darüber aufkommen, dass ich aufgerufen war, mit ihr zu tun, was eines Mannes oblag. Trotzdem gefiel es dem sensiblen und unverzichtbaren Körperteil, eine testosteronmäßige Auszeit zu nehmen. Ein Herr der Lage sieht anders aus, dachte ich beklommen und versuchte verzweifelt, an nichts zu denken.

Inzwischen hatte sich Annika selbst sämtlicher lästiger Textilien entledigt und machte sich in tabuloser Weise an mir zu schaffen. Schon keimten die ersten Selbstvorwürfe in mir auf. Das war die Quittung, wenn man sich mit einer paarungswilligen Kontaktanzeigenbekanntschaft nach nicht einmal vier Stunden auf eine körperliche Zweisamkeit einließ. Woher sollte nun eine Erektion aus dem Nichts kommen?

Ich versuchte ein vages Lächeln.

»Scheint nicht mein Tag heute zu sein.«

»Hast du zu viel Stress?«, fragte sie.

»Vielleicht auch das«, antwortete ich unbestimmt. »Es liegt mit Sicherheit nicht an dir«, schob ich nach.

Annika reagierte mit abweisendem Schweigen. Man brauchte kein Prophet zu sein, um auch dieser Beziehung nur bedingte Zukunftschancen einzuräumen. Ich klaubte meine recht entropisch verteilten Kleidungsstücke zusammen und beendete das Kalamitäten-Festival mit einem menschlich erwärmenden:

»Ciao, Annika! Wir sehen uns!«

Ich trat hinaus ins Freie. Aber wie frei war ich wirklich? Auf jeden Fall hatte diese Begegnung mir gezeigt, dass meine Bindung an Violetta trotz einer gelegentlichen Distanz stark genug war, derartigen Anfechtungen zu widerstehen – vielmehr noch: sie im Keim zu ersticken. Das war doch immerhin etwas. Na ja, der Totalausfall der Tablette war nicht ganz zu unterschätzen. Aber Nachkarten brachte jetzt auch nichts.

Für den Heimweg verzichtete ich auf Verkehrsmittel, obwohl ein wolkenverhangener Himmel und der einsetzende leichte Nieselregen den Genusswert des längeren Fußmarsches nicht unerheblich schmälerten.

Eines hatte diese Begegnung schonungslos gezeigt – auch wenn ich es mir nur ungern eingestand –: Die Zeiten des wilden Rabaukentums waren unwiderruflich vorbei. Von einem auf den anderen Tag hätte ich in eine mehr oder weniger bedrohliche gesundheitliche

Krise geraten können, ein Paradebeispiel der Pflegestufe III mit Hartz-IV-Lebensqualität.

Ein Ischämie-Anfall, bei dem ich für die Dauer von einer halben Stunde einen Totalausfall des halben Blickfeldes erlebte, lag bereits hinter mir. Die Einnahme einer blutgerinnungshemmenden Substanz hatte mich seit jenem Tag zum Bluter abgestempelt, bei dem schon ein unvorsichtiges Popeln desaströses Nasenbluten auslöste. Wenn man da auch noch mal richtig verprügelt wurde (sei es von einer eifersüchtigen Lebenspartnerin oder dem Strizzi einer Gelegenheitsbekannten), wandelte man auf recht tönernen Füßen.

Der Nieselregen verdichtete sich inzwischen zu einem handfesten Landregen und ich suchte mir einen trockenen Unterstand in einer Torausfahrt. Ein Sportwagen raste vorbei und verpasste mir eine Gischtdusche.

»Arschloch!«, brüllte ich hinterher. Aber das änderte nichts daran, dass ich jetzt aussah wie ein begossener Clochard. Kurzzeitig stieg in mir ein schwammiges Sozialneidgefühl auf, das mich in die ideologische Nähe eines linkslastigen Globalisierungsgegners trieb. Dann setzte ich meinen Weg fort – am Outfit war ohnehin nichts mehr zu retten.

Violetta empfing mich mit ungläubigem Blick.

»Hast du ein Schlammbad genommen?«

Ich klärte sie auf, dass es in dieser Stadt von Verkehrsrowdys nur so wimmelte und ich ein Opfer derselben geworden sei. Violetta reagierte wie gewohnt souverän.

»Wirf die Drecksklamotten in den Korb für die Reinigung. Ich lasse dir ein warmes Bad ein, und dann essen wir.«

Derlei Fürsorge tat mir gut. Ich wusste, dass ich allen Grund hatte, den Zufall zu preisen, der Violetta und mich zusammengeführt hatte. Für den Moment ging ich jedenfalls davon aus, dass mich mein gutes Karma noch nicht verlassen hatte.

15

Es gibt und gab in meinem Umfeld Menschen, an denen der Alterungsprozess spurlos vorbeizugehen schien. Bei anderen wiederum, übel meinend auch als Psychopathenfraktion verunglimpft, konnte es durchaus zu Handlungsautomatismen kommen, die auf den ersten Blick keinen Sinn ergaben. Ich spreche von den sogenannten Altersmarotten.

Andererseits brauchen bestimmte Menschen auch gar nicht erst alt zu werden, da ihre ganze Existenz eine einzige Marotte ist. Altersbedingte Verschrobenheiten sind dagegen oft durch tunnelartige Sichtweisen gekennzeichnet, Rückfälle auf autoritäre Erziehungsmethoden, gegen die wir uns in der eigenen Jugend und Pubertät gewehrt haben. Typische Anzeichen für beginnende Veränderungen machen sich bereits im schwindenden Kurzzeitgedächtnis bemerkbar, während das in der Hirnschale verankerte Langzeitgedächtnis fatalerweise immer nur die nutzlosesten Informationen speichert. Das ist allerdings der Kick, der mich mit kindlichen Gemütern eint: die Freude an nutzlosen Dingen und Informationen.

Meine zunehmend verflachenden Lebenserfahrungen drohten sich menetekelhaft zuzuspitzen. Wie sonst war es zu erklären, dass ich mir inzwischen schon den Kopf zerbrach, wie ich nach dem Frühstück langsam den Tag ausklingen lassen sollte. Dabei waren Gedanken von ozeanischer Tiefe gefragt!

Mein Kurzzeitgedächtnis ist ein Referenzmodell, hatte mein alter Kunstfreund Nordmann bei unserem letzten Zusammentreffen noch vollmundig getönt. Da hatte er allerdings auch schon zwei Flaschen Rotwein intus und konnte nicht mehr auf die Probe gestellt werden.

Mein persönliches Golgatha in Form einer Altersmarotte zeigte sich seit einigen Jahren bereits beim Schuhanziehen. Diese allmorgendliche Tätigkeit geriet ohne Verwendung eines Schuhanziehers zu einem besinnungslosen Kraftakt, der nur unnötige Ängste schürte, sich einen kapitalen Muskelfaserriss in der Wade zuzuziehen. Voraus ging dem Ganzen noch der abenteuerliche Versuch, über das gestreckte Bein die in der Regel waschtechnisch eingelaufene Socke zu ziehen – ein Vorhaben, dem insofern natürliche Grenzen gesetzt waren, als sich die Socken immer wieder an scharfkantigen Fußnagelecken verfingen. Kurzum: Ein geruhsamer Start in den Morgen sah anders aus. Noch war zwar nicht die Zeit für Rheumawäsche und Gehhilfen gekommen, aber das konnte sich alles schnell ändern.

Nun ist ja nicht jede Marotte auch gleichzeitig eine Altersmarotte, nur weil es sich letztlich um notorische Angewohnheiten einer Person handelt, die für die Mitmenschen mitunter unverständlich sind. Dabei ist die Palette der Eigenheiten weit gefächert: Tick, Macke, Fimmel, Spleen, Schrulle, Klatsche, Rad ab, Schuss und dergleichen mehr.

Bei uns Älteren sollte man vielleicht nicht gleich mit so schwerem Geschütz auffahren. Getrieben vom Wunsch, der geriatrischen Apokalypse die Zähne zu zeigen, hatte sich zum Beispiel ein wesensmäßig etwas früh verdorrter Jugendfreund in seiner stillen, ereignislosen Gegenwart dazu hinreißen lassen, das Frühstück grundsätzlich auf eine Banane und einen mit Schmelzkäse bestrichenen Zwieback zu beschränken, dazu sage und schreibe ein Glas heiße Milch. Für die Zeit von siebzehn bis achtzehn Uhr hielt er strenge Bettruhe und war für niemanden erreichbar. Dann sollte es allerdings losgehen. Vielleicht ein etwas eigenwilliger Weg, die Klippen des Alters zu umschiffen – aber abgerechnet wird ja später.

Auch unser Nachbar und Grillabendgastgeber, Herr Dr. Hillebrecht, hatte seinen Lebensabend unter neue Rahmenbedingungen gestellt: Seit einigen Tagen parkte ein Ungetüm eines amerikanischen Pick-ups von 5,50 Meter Länge und einer Dachhöhe von 2,05 Meter in unserer Straße und blockierte regelmäßig die Müllabfuhr. Aufgescheucht vom Hupkonzert der städtischen Bediensteten stürzte Hillebrecht jeden Freitag in der Früh bekleidet mit einem Bademantel aus dem Haus und fuhr für die nächste halbe Stunde sein schweres Geschütz um den Häuserblock. Parken in deutschen Parkhäusern oder in üblichen Parkmulden war bei den Dimensionen dieses Fahrzeuges gar nicht erst möglich.

»Ich habe mir mit diesem Pick-up einen Lebenstraum erfüllt«, sagte Hillebrecht.

Einige Sekunden lang rang ich mit der Frage, welche Lebensträume ich mir noch zu erfüllen trachtete, beließ es aber dann bei dem Gedanken an den Kuss einer Namenlosen, die mich in meinen Träumen umschmeichelte. Den Gang zum Einwohnermeldeamt anderntags hätte ich mir dagegen ersparen können.

Andererseits: Permanentes Blockumfahren hilft dem Pick-up-Fan möglicherweise auch ein wenig weiter. Irgendetwas muss der Mensch ja tun. Nur was? Ich komme im Moment nicht drauf. Schade.

Aber man konnte ja nicht alles haben. Letztlich sind diese Marotten allemal erstrebenswerter als die permanente Küchenkontrolle, ob der Herd abgeschaltet ist, ein Psychozwang, dem ich mich selbst seit einigen Jahren ausgesetzt hatte. Auch das Einhalten bestimmter Ordnungsrituale wie das Ausrichten von Bleistiften und Kugelschreibern auf meinem Schreibtisch in geraden Linien diente offensichtlich der Verhinderung eines virtuellen Chaos, welches in Wirklichkeit gar nicht vorhanden war. Vielleicht handelte es sich aber auch nur um eine Art grenzdebiler Alltagsbewältigung.

Violetta schüttelte darüber zwar immer wieder den Kopf, akzeptierte es aber als eine eigenwillige Maßnahme, eine gewisse Kontrolle über alltägliche Verrichtungen ausüben zu können. Jedenfalls war sie klug genug, zu wissen, dass auch im Alter dem Partner kleine Geheimnisse zugestanden werden müssen. Mann und Frau haben nun einmal so unterschiedliche Grundvoraussetzungen, dass es ohnehin nicht angeraten erscheint, den Partner in allen Belangen verstehen zu wollen. Wenn man sich daran halten könnte, wäre das ein Chance für später. Warten wir mal ab.

In Erinnerung geblieben ist mir noch ein geselliger Abend im Rahmen einer Geburtstagsfeier eines Redaktionskollegen. Nach ersten weinbedingten Wahrnehmungsstörungen fühlte ich mich dennoch fit genug, den Heimweg zu Fuß anzutreten. Offensichtlich hatte ich aber meine Koordinierungsfähigkeiten überschätzt, zumal mich eine unerklärliche Form von Müdigkeit überkam, die ich dazu nutzte, am Straßenrand ein Nickerchen einzulegen. (Offensichtlich ist es bei mir ein marottenhaftes Grundbedürfnis, bei Erschöpfungszuständen oder dem Eintreten von Lebensüberdruss mich unverzüglich in die horizontale Lage zu begeben.) Später wurde ich etwas unsanft von zwei Herren der Bereitschaftspolizei geweckt, die hinsichtlich der Bewältigung meines Restheimwegs ihre Hilfe anboten. Doch ich verwahrte mich mit den Worten: Das kommt für mich überhaupt nicht infrage! gegen eine derartige Unterstützung.

»Nun gut, Sie müssen nicht, aber wenn Sie glauben, dass Sie klüger sind als wir: bitte!«, reagierte der Beamte pikiert.

Meine Reaktion – Das *glaube* ich nicht, das *weiß* ich – war schlichtweg nur ungezogen und von keiner Altersweisheit durchdrungen.

16

Die Tage vergehen und unmerklich kommt man der dämmrigen Spätphase des Lebens näher. Um die Schwellen und Übergänge auszuloten, wäre ich darauf angewiesen, meine Lebenserinnerungen aufzuarbeiten: Reminiszenzen an schicksalhafte Begegnungen, an ein unentwirrtes Knäuel von Ereignissen, blitzlichtartigen Eindrücken und Narben von Berührungen.

Ich nahm mich keineswegs altersorientiert wahr, so viel war allerdings sicher. Warum sollte ich jetzt alles mit einer kritischen Analyse nachträglich infrage stellen? Immerhin blickte ich auf mein Leben mit einigem Stolz und Freude zurück. Aber jetzt musste ich die noch verbleibende Zeit meistern.

Meine gesellschaftlichen Rahmenbedingungen waren nicht ganz so schlecht. Es reichte zum Leben. Wie lang die Rücklagen reichten, wenn man unversehens älter wurde, als es der biologische Fahrplan hergab, wusste ich allerdings nicht. Der Motivationsgehalt, den ich aus meiner freiberuflichen journalistischen Tätigkeit erfuhr, war sicherlich höher anzusiedeln als intensives Rasenmähen und Unkrautjäten im heimischen Garten. Darüber hinaus hatte sich in der Beziehung zu Violetta mittlerweile eine zwischenmenschliche Stabilität eingestellt. Dennoch erschien mir ein kleines geistiges Auffrischungsprogramm durchaus geboten, und ich entschied mich, einen Sprachkurs am Institut Français zu belegen, denn mein Schulfranzösisch war durchaus verbesserungswürdig. Das Institut Français war fraglos nicht nur eine reine Sprachschule, sondern vermittelte französischen Künstlern ein Forum in Deutschland, organisierte Feriencamps für Kinder und bot Kurse in kleinen Gruppen zum Training und zur Vertiefung der vorhandenen Sprachkenntnisse an.

Ich musste einen Einstufungstest durchlaufen und landete nach vierzig Jahren Französischabstinenz in der Fortgeschrittenenkategorie B2. Immerhin war die Schufterei in der Pré-Bac-Phase doch nicht ganz umsonst gewesen. Erwartet wurden die Erfassung des Wesentlichen in komplexen Texten sowie normale Gesprächsführung mit einem gebürtigen Franzosen und die Vertretung eigener Standpunkte zu aktuellen Themen. Das Ganze spielte sich jeden Mittwoch zweieinhalb Stunden lang ab.

Der Kurs hatte bereits vor einem Monat begonnen und war auf vier Teilnehmer zusammengeschrumpft. Nach der sehr freundlichen Begrüßung unseres Lehrers Jean-Marc Jolivet wurde ich gebeten, mich vorzustellen.

»Je m'appelle Rudolf. Je travaille comme journaliste pour les journaux quotidiennes. Ressort: Du sport et la vie culturelle.«

Jean-Marc wirkte erleichtert. Für den Einstieg hatte ich das Niveau B2 zumindest peripher gestreift. Das Schülerensemble bestand aus einem Hinterbänkler der CDU namens Traugott Glaser, einem Ingenieur aus der Schwimmbadbranche, Hermann Kudelka, dessen Lebensgefährtin sich ins lothringische Nancy abgesetzt hatte, sowie aus der noch sehr jungen Schauspielerin Anna Hessling, die von einer internationalen Karriere träumte, und dem Gewerkschafter Gerhard Emmerich, der anlässlich einer vom DGB gesponserten Frankreich-Studienreise mit dem Begriff *flexicurité* konfrontiert worden war und jetzt die Zwickmühle zwischen Flexibilität und Sicherheit im Kontext gewerkschaftlicher Verantwortung aufzudröseln versuchte.

»Qu' est-ce que vous avez faites hier soir, Mademoiselle Anna?«, nahm Jean-Marc den Gesprächsfaden wieder auf.

Anna errötete und begann zu stottern :

»Eh, mon ami et moi ...«, dann versagte die zarte Stimme.

»So genau wollten wir es ja gar nicht wissen«, zischelte der Schwimmbad-Ingenieur.

Sofort schritt Jean-Marc ein.

»En français, mes amis, en français.«

Aber Herrmann Kudelka gab sich leutselig und begnügte sich mit einer abwehrenden Geste, wobei er die Hände schuldbewusst vor dem Gesicht spreizte.

»Eh maintenant à vous, mon cher Gérard«, wandte sich Jean-Marc an den Mann der Gewerkschaft. »La flexicurité : Le Danmark serve de modêle pour les autres pays européens. Est-ce qu'il sera envisageable de transférer ce modêle danois vers l'Europe comme la France et l'Allemagne?«

Emmerich zog die Stirn kraus und bekam einen Hustenanfall: »La flexicurité, keuchte er, une merde ... Très difficile.«

Jean-Marc lächelte maliziös. Jetzt war die Reihe an Traugott Glaser. Welches die größte gemeinsame Leistung der deutschen und französischen Politik in den letzten Jahren gewesen sei, wollte Jean-Marc von ihm wissen.

»L'introduction du l'Euro«, tönte der CDU-Mann sendungsbewusst.

Das ging mir entschieden zu weit.

»L'Euro, c'est la plus grande inflation après la guerre«, hielt ich erbost dagegen und fuhr auf Deutsch fort: »Oder scheut man sich bei den Regierungsparteien vor Preisvergleichen?«

Jean-Marc versuchte zu beschwichtigen, indem er auf die Vorteile im europäischen Reiseverkehr verwies und darauf, dass der Euro den Dollar doch geradezu an die Wand genagelt habe.

Mir persönlich war der Preis dafür zu hoch, und mit meinem Kommentar, was mir denn eine Bombenhandelsbilanz nütze, wenn dafür im Seniorenheim nur noch eine Kellerwohnung erschwinglich sei, hatte ich den Gewerkschafter und den Schwimmbadingenieur ganz eindeutig auf meine Seite gebracht.

Nach der Stunde verwickelte ich die junge Schauspielerin in ein Gespräch über die Licht- und Schattenseiten des Theaters und konnte mir die kleine Anzüglichkeit nicht verkneifen, dass nach Nietzsches Aussagen die besten Schauspieler nicht auf der Bühne zu suchen sind. Hiermit konnte ich leider gar nicht punkten, da sie die Anspielung schlicht nicht verstanden hatte. Sie wisse sehr wohl, dass ihre schauspielerische Entwicklung noch keineswegs abgeschlossen sei. Der Weg nach Frankreich sei daher für sie ein Muss, alles andere wäre reine Stagnation. Dem zeitgenössischen deutschen Theater fehle es dagegen an Seele.

Ich hatte es beinahe befürchtet. Das typische neudeutsche Innerlichkeitsgewinsel. Anrührendes wie beim Kräuterteesymposium grüner Gutmenschen war gefragt.

»Anna«, sagte ich, »wachen Sie auf. Kommen Sie raus aus dieser Betroffenheitsschublade. Nach Erkenntnissen des großen Kant bleibt der Mensch aus krummem Holz geschnitzt. Zeigen Sie ein Abbild dessen auf der Bühne: ehrlich, scheu, hölzern, verlogen, neurotisch, wild, verwahrlost und schutzbedürftig. Dann wird sich die Kunst in Ihnen wiedererkennen.«

Anna schaute mich lange wortlos an. Dann schlang sie plötzlich ihre Arme um mich und küsste mich.

17

Der Winter hatte sich verabschiedet. Die Tage waren wieder länger geworden. Ostern und Pfingsten waren ereignislos ins Land gegangen, und der Sommer stand vor der Tür.

Unsere Reisekasse war nicht allzu üppig ausstaffiert, aber eine Appartementwohnung für vierzehn Tage auf der Insel Wangerooge, das sollte schon sein. Und wer weiß, wie oft Mariella noch mit uns fährt, gab Violetta zu bedenken. Da hatte sie natürlich recht.

Wir fuhren mit dem Auto und stellten es für die Urlaubszeit auf einem bewachten Parkplatz in Harlesiel ab. Überfahrt mit dem Schiff. Vom Hafen Wangerooge ging es weiter mit der Inselbahn. Doch leider geschah hier schon der erste Eklat.

Der Zug hatte offenbar bereits eine Weile in der Sonne gestanden und atmete gediegene Tropenatmosphäre. In unseren Waggon hatte sich eine Gruppe von Tagesausflugsrentnern niedergelassen. (Kleiderordnung: weiße oder karierte Schlägermütze, beige-graue Joppe, durch Hosenträger gehaltene Sommerhose, unifarbene Nylonfesselsocken und Sandalen in Schlammfarbe.) Unsere Sitzplätze befanden sich in unmittelbarer Nähe des Perrons. Der Zug setzte sich in Bewegung. Die Fenster des Waggons waren nur im Mittelteil zu öffnen. Aufgrund der unerträglichen Hitze öffnete ich die Tür zum Perron.

»Tür zu!«, keifte eine zahnlose alte Person aus dem Mittelteil. Es zieht!

»Schön, dass wir mal ins Gespräch gekommen sind«, sagte ich, »aber die Tür bleibt offen, sonst ersticken wir hier.«

»Tür zu!«, intonierte unbeeindruckt und einmütig der Rentnerchor.

Ehe ich mich versah, hatte einer dieser Altvorderen sich erdreistet, seinen Schirm in den Perrontürgriff einzuhaken und die Tür wieder zuzuziehen. Ich wurde ärgerlich, klinkte dem Rentner den

Schirm aus der Verriegelung und zog die Tür wieder auf. Mein Gegenüber gab nicht nach. Wieder zog er die Tür mit dem Schirmgriff ruckartig zu.

»Der ist immer noch resistent«, sagte ich zu Violetta, »und das, obwohl er schon längst einen Zettel am großen Zeh trägt.«

Ich entwand dem Alten den Schirm, riss die Tür auf und warf den Schirm aus dem Zug. Fassungslos blickte mich der Graukopf an und schrie um Hilfe, worauf Mariella in hysterisches Gelächter ausbrach.

Schlagartig baute sich vor mir ein Pandämonium von übel riechenden Lemuren auf. Einer der Scheintoten versuchte, mich zu ohrfeigen, was ihm halbwegs gelang. Nun folgte Mariellas großer Auftritt. In Kung-Fu-Manier trat sie nach dem Gewalttäter und biss ihn zusätzlich in den Arm. Der Mann sank stöhnend zu Boden. Violetta rettete schließlich die Situation, indem sie ein kleines Erste-Hilfe-Set aus ihrer Handtasche holte und in die Gruppe donnerte:

»«Hier haben ja wohl alle den Verstand verloren! Legen Sie den Mann auf die Abteilsitzbank und stören Sie mich nicht beim Verbinden!«

Als der Zug im Wangerooger Bahnhof einlief, hatte sich die Aufregung mittlerweile gelegt. Der Urlaub konnte beginnen. Der schirmlose Rentner wollte allerdings mit mir noch eine persönliche Rechnung begleichen. Bei der Gepäckausgabe rempelte er mich an und spuckte in meine Richtung, traf aber nur meinen Koffer. Affektunterdrückung wäre jetzt der richtige Ansatz gewesen. Ich hingegen erinnerte mich meiner Jugendzeit, als ich es im Kirschkernweitspucken zu einigem Ansehen in der Klasse gebracht hatte, räusperte mich tief und traf den Frischluftverweigerer quasi mit einem Blattschuss unter dem linken Auge.

Mit den Worten: Wohl bekomm's!, verbreitete ich leutselige Zuversicht, dann zerrte mich Violetta laut zeternd durch das Menschengewühl vor der Gepäckausgabe auf die andere Straßenseite. Während Mariella sich genüsslich an den Rüpelszenarien weidete, sah ich mich schwersten moralischen Vorwürfen Violettas ausgesetzt:

»Madonna, che barbaro«, schrie sie, »noch so ein Auftritt von dir und der Urlaub ist für mich beendet!«

Ich schwieg beeindruckt und wusste, so schön kann es nur auf der Insel sein. Man ist halt nicht für jeden Kulturkreis geschaffen.

An unserer Ferienwohnung in unmittelbarer Strandnähe gab es nichts auszusetzen. Sieht man einmal von der für Violetta schwer erträglichen Situation ab, für die nächsten Nächte tremolierenden und kaskadenhaften Schnarchtiraden meinerseits ausgesetzt zu sein.

Bei Mariella war gutes Zureden hinsichtlich eines Bettentausches überflüssig. Sie weigerte sich, auch nur einen Quadratzentimeter ihres Einzelzimmers preiszugeben.

Somit kam dem für die gesamte Urlaubszeit angemieteten Strandkorb für den Tagesablauf auch als Ersatzruhestätte eine besondere Bedeutung zu. Für mich war dieses Kunststoffgeflechtmobiliar ein idealer Aufenthaltsort. Während Violetta die entgangene Nachtruhe während meiner Abwesenheit auf der Wohnungscouch nachholte, genoss ich ein gewissermaßen voyeuristisches Dasein im Schutze meines Korbes.

Aus meinem windgeschützten Versteck beobachtete ich beispielsweise ein Pärchen, das sich bei Wassertemperaturen um siebzehn Grad Celsius in die heranrollenden Flutwellen wagte. Beide bewegten sich wie junge Vögel, die noch nicht ganz flügge waren, indem sie bei jeder nahenden Welle die Arme seitlich abspreizten, als ob sie zum Flug ansetzten. Als das Wasser dann Brusthöhe erreichte, drehten sie sich hastig strandwärts, um den Kälteschock auf der noch unbenetzten Haut nicht sehenden Auges erdulden zu müssen. *Trutz, blanke Hans*, war ich versucht, mit Detlev von Liliencron auszurufen, aber leider sind wir ja ein Volk von Warmduschern. Unglücklicherweise gehöre ich auch dazu.

Am nächsten Tag ließ die Sonne sich gar nicht blicken. Ein böiger Nordwestwind wütete in den Dünengräsern und zerrte an den Planen der Strandkörbe. Dennoch hatte ich beschlossen, gerade wegen dieses Sturmes unseren Strandkorb aufzusuchen, um das natürliche Walten von Meer, Wind und Sand ungestört auf mich einwirken zu lassen.

Schon beim Näherkommen entdeckte ich eine fremde Person, eine Frau, in dem von uns angemieteten Strandkorb. Bei den herrschenden Witterungsbedingungen war ein Großteil der übrigen Strandkörbe verständlicherweise nicht besetzt. Sollte ich die Frau darauf hinweisen, dass sie es sich in meinem Mietobjekt bequem gemacht hatte? Oder täte ich besser daran, diesen Umstand gar nicht erst zur Kenntnis zu nehmen und mich selbst in einen der vielen freien Strandkörbe zu verfügen? Hierbei konnte ich natürlich Gefahr laufen, dass unversehens der Mieter des von mir benutzten Korbes plötzlich auftauchte und sein Recht einforderte. Ich entschied mich für die Eigentümerversion, woraufhin die Dame bereitwillig den Korb räumte und ich mich dick und bramsig hineinsetzte.

Die wenigen Leute, die sich hinausgewagt hatten, saßen mit verdrießlichen Gesichtern in ihrer Allwetterschutzhütte, die sie nur zeitweilig verließen, um am nahe gelegenen Kiosk irgendwelche Verlegenheitseinkäufe zu tätigen.

Einige Unentwegte trotzten den Witterungsunbilden und zogen dick vermummt auf dem vom Ebbstrom geglätteten Strandparkett an mir vorbei, bis sie aus meinem Blickfeld entschwanden. Darunter zahlreiche ältere Menschen, die sich schleppenden Ganges mit ihren Nordic-Walking-Stöcken vom sandigen Grund abstießen. Insgeheim fasste ich den Entschluss, meine im heimischen Keller deponierten Nordic-Walking-Stöcke bei der nächsten Sperrmüllaktion zu entsorgen.

Ich hatte meinen Strandkorb inzwischen aus dem Wind gedreht. Aber auch diese Aktion konnte nicht verhindern, dass mir immer wieder feine Sandkörner ins Gesicht wehten.

Eine gewisse Abscheu überkam mich, eben den Besitzerpopanz gegeben zu haben, in jüngeren Jahren hätte ich eindeutig anders gehandelt. Keine Frage: Der Altersstarrsinn war bei mir eingezogen.

Davon abgesehen bot der Blick aus dem Strandkorb auch Kurzweiliges. Ein älterer Herr stapfte an mir vorüber. Er trug eine rote Basketballmütze, die er aber nicht mit dem üblichen Klettverschluss fixiert hatte, sondern mit einer steifen schwarzen Kordel, die nun wie der Antennenmast eines Senders über seinen Kopf hinaus ragte. In gewisser Weise vermittelte er so den Eindruck eines Außerirdischen. Ihm folgte ein mittelalter Mann, dem eine mächtige Bierwampe über den Verschluss der Hose hing. Als er mich passiert hatte, fiel mir auf der rechten Hälfte seines Rückens eine fast pelzartige Behaarung auf, während die linke Hälfte nur einen etwas aufgelockerten lichten Haarflaum aufwies. Mariella, die an diesem Tage den Strandkorb mit mir teilte, brach in einen ungezogenen Schrei des Entsetzens aus. Ich erklärte ihr, dass der Mensch vom Affen abstamme, wobei dieser Strandläufer ein geradezu idealtypischer Gewährsmann für die Schlüssigkeit dieser These sei. Ich selbst brauchte mich vor derlei Spott nicht zu fürchten: Meine Haut war haarlos wie ein Kinderpopo.

Als ich mich entschloss, den Strandkorb für eine Weile zu verlassen, um einen Spaziergang am Strand in Richtung Osten zu unternehmen, trat ich unversehens auf eine Muschelschale. Das war allerdings nicht gerade das Naturerlebnis, auf das ich gewartet hatte. Die Tatsache, dass mein Hausarzt mir zur Vermeidung kardiologischer Kalamitäten ein blutverdünnendes Präparat aufgeschwatzt hatte, schürte schlagartig meine Sorge, in der menschenlosen Zone des Strandes an einer schwärenden Schnittwunde zu verbluten. Jedenfalls war zumindest die Ästhetik meiner Gehbewegungen durch die zeitweilig erforderlichen Ausfallschritte deutlich gemindert. Quasi waidwund setzte ich meine Strandvisite fort.

In einigen Senken hatte sich Meerwasser angesammelt, und beim Durchwaten stellte ich fest, dass das Wasser angenehm warm war. Schon nach wenigen Minuten wurde der Strom der Spaziergänger deutlich dünner. Einige Male wurde ich noch von einem Jogger überholt. Die Wasserlinie war inzwischen vom Dünensaum des Festlandes beinahe dreihundert Meter entfernt, sodass sich das Gefühl der Verlorenheit des unbedeutenden Menschen einstellte, der sich den Gewalten der Natur entgegenstemmt.

Plötzlich durchfuhr meinen rechten Fuß ein abscheulicher Schmerz. Wunderbar: die Self-fulfilling-Prophecy des Blutertodes. Glücklicherweise war ich nur auf eine Feuerqualle getreten. Der Schmerz erinnerte mich an ein Jugenderlebnis, als ich bei einer Rangelei in ein Brennesselfeld gestürzt war. Die Abkühlung mit Meerwasser brachte nicht die geringste Linderung – im Gegenteil, es brannte umso teuflischer.

Als ich bar jeglicher Tröstungen humpelnd aus dem Osten in die belebte Badezone zurückkehrte, riet mir Violetta, die betroffene Hautpartie mit Sand abzureiben, was tatsächlich zu einer geringfügigen Verbesserung der Schmerzsituation beitrug. Ich fand schließlich Trost bei dem Gedanken, dass es sich nicht um ein neues Altersgebrechen, sondern um eine aktuell therapierbare Verletzung handelte. Die wahre Größe zeigt sich eben in der fantasievollen Bewältigung solcher Schockerlebnisse.

Bedauerlich, dass sich die Natur immer wieder völlig Wehrlose zu ihren Gegnern erkürt, jedenfalls gab mich der starke Wind bei meinen vergeblichen Bemühungen, in meine Jeanshose zu schlüpfen, einer geradezu hanebüchenen Lächerlichkeit preis, indem ausgerechnet in dem Augenblick, als ich in das linke Hosenbein einfahren wollte, dieses von einer Böe hochgeweht wurde, wobei ich mich mit dem großen Zeh am Hosensaum verhedderte, das Gleichgewicht verlor und in eine benachbarte Strandburg stürzte. Gebrochen war zum Glück nichts, immerhin hatte die slapstickgesättigte Szene in Mariella eine begeisterte Anhängerin gefunden.

Am nächsten Tag hüllte sich die Insel in grauschwarze Wolken, und von Zeit zu Zeit peitschten Regenschauer über das Eiland. Von der gefürchteten Tropenhitze der viel beschworenen Klimakatastrophe hatte ich mir allerdings im Urlaub mehr versprochen. Ich machte Mariella den Vorschlag, mir ins Hallenschwimmbad zu folgen, in dem es auch ein Freiluftbecken gab.

»Geht nicht, beschied sie mich harsch. Ich habe die Regel.«

»Dann benutze doch ein Tampon, das ist doch heute kein Problem.«

»Ich benutze grundsätzlich keine Tampons. Die kriege ich nicht rein, und das tut saumäßig weh, klärte sie mich über ihren Intimbereich auf. Ich benutze nur Binden und das ist im Schwimmbad einfach neben der Kappe. Und jetzt lass mich in Ruhe und geh endlich!«, fauchte Mariella.

Nachdem ich aufgrund Mariellas Verweigerung im Schwimmbad meine Bahnen in trostloser Einsamkeit hatte ziehen müssen, beschloss ich, wieder zur Beobachtungsstation in meinen Strandkorb zurückzukehren.

Da aber die Inhaltslosigkeit der sinnlos verrinnenden Stunden nur durch das monotone Klickklack der allgegenwärtigen Holzbrettspiele eine kaum spürbare Belebung erfuhr, entschied ich mich nochmals für eine Wanderung, diesmal gen Westen.

Ich mochte womöglich eine halbe Stunde gegangen sein, als das monotone Szenario in Gestalt einer mir entgegenkommenden Trauergesellschaft in Schwarz eine Veränderung erfuhr. Die Männer teilweise barfuß mit hochgekrempelten Hosen, die Damen ebenfalls in schwarzen Strümpfen und hochhackigem Schuhwerk. Scheinbar handelte es sich um Hinterbliebene, die an einer Seebestattung teilgenommen hatten. Eine derartige Form der Verabschiedung war mir allerdings nur als behördlich genehmigte Schiffsaktion geläufig, bei der eine Salzurne mit den Ascheresten des Verstorbenen im Meer versenkt wurde. Ob es sich bei dieser Art von Strandbestattung um einen legitimen Vorgang gehandelt hatte, habe ich allerdings nicht in Erfahrung bringen können. Ich hatte mir über meine eigenen Beisetzungsmodalitäten bisher noch keine tiefschürfenden Gedanken gemacht. Hier durfte ich allerdings erfahren, dass sich ökologisch noch völlig unaufgeschlossene Freiräume auftaten. So geht jeder Art von Seebestattung natürlich auch ein Verbrennungsprozess voraus. Ein Vorgang, demgegenüber ich ein gewisses Unbehagen empfinde. Insofern wäre es nach meinem Dafürhalten eine überdenkenswerte Anregung, mit völlig intaktem Körper – bis auf das fehlende Leben – in einen schwimmfähigen Seesack eingenäht und quasi unversehrt der See übergeben zu werden. So könnte man sich irgendwie treiben lassen.

Schon nach kurzer Zeit hatte ich die vermeintlichen Seebestatter aus den Augen verloren. Von Westen her zog ein dunkles Wolkengebirge auf. Eine Gewitterfront war im Anmarsch. Die zuvor noch spiegelglatte See veränderte schlagartig ihre Oberflächenstruktur und bildete lang gezogene Wellen mit weißen Schaumkämmen. Der aufkommende starke Wind bog das Dünengras in flachen Strähnen gegen den Sandboden. Die Temperatur stürzte für mich ins gefühlte Bodenlose. Erste große Regentropfen verliehen dem gelben Sandstrand das Aussehen eines fleckig braunen Teppichs. Der Himmel hatte sich weiter verdunkelt. Dann wurde die pechschwarze Wolkenphalanx von einem fahlen, blaustichigen, vielzackigen Gebilde zerrissen, dem unmittelbar darauf ein explosionsartiger Knall mit einem dunkel grollenden Ausläufer folgte.

Ein Schutzzelt führte ich zufällig nicht bei mir und auch das Aufsuchen eines Faradayschen Käfigs in einem nahe geparkten Automobil entfiel mangels Masse. Ich warf mich auf den aufgeweichten Sand und bedauerte das Missgeschick, die Wanderung ohne Klappfeldspaten angetreten zu haben. Dann hätte man sich wie ein Landser eingraben können.

Unablässig zuckten die Blitze aus dem mörderischen Wolkengebirge, ich war das einzige lebende Ziel weit und breit: eine Apokalypse. Ein kleine Depression keimte in mir auf, dass es nun so zu Ende gehen sollte.

Die See produzierte inzwischen immer höhere Wellenberge

mit langen, überbrechenden, schaumbedeckten Kämmen. Plötzlich hörte ich ein furchterregendes, schweres, stoßartiges Rollen. Reptilartig robbte ich in Richtung Dünensaum, um sowohl den Brechern zu entkommen, als auch den Blitzen kein großes Ziel zu bieten. Da will man sich ein wenig die steif gewordenen Beine vertreten, und dann wird einem hier per Blitzschlag der Schädel gespalten. Meine Endorphine pulsten nur noch in homöopathischer Verdünnung durch die Adern. Alles lief auf meinen unmittelbar bevorstehenden Eintritt in die Phase der Zeitlosigkeit, meiner Endlagerung, hinaus.

Doch dann wurde es unversehens ruhiger und das Grollen des Donners ebbte ab. Das Regenloch in den Wolken versiegte, und nur noch vereinzelt zuckten grelle Magnesiumlichter am Horizont. Das Gewitter war vorüber. Offenbar wurde ich auf der anderen Seite noch nicht gebraucht. Wie betäubt trottete ich über den menschenleeren Strand zurück in unsere Ferienwohnung.

Am späten Nachmittag bummelte ich mit Violetta durch das Gassengewirr der Insel. Ich erstand in einer Boutique für mich einen fein gewirkten Cashmerepullover und ein schwarzes Oberhemd. Beim Kauf dieser Artikel ging mir die Frage durch den Kopf, ob ich bei Violetta gegebenenfalls bereits durch ein modisches Outfit aus der Zuordnung eines vom Alter gekennzeichneten Personenkreises ausbrechen könnte. Aber ich hatte auch noch andere Personen im Hinterkopf.

Am nächsten Morgen fragte ich mein Spiegelbild mit einer Mischung aus Ekel und Abscheu, ob ich unbedingt so verschwiemelt aussehen musste, und es fiel mir schwer, wieder Besitz von mir zu ergreifen.

Eine Gesichtsauffrischung durch Botox oder Silikoneinschübe wäre nur etwas für Frauen und wohl auch etwas zu auffällig gewesen. Und in welche Socken und Stringtangas anstelle der geräumigen langen Unterhose mit Kneifeffekten ich schlüpfte, sollte einer voyeuristischen Allgemeinheit besser vorenthalten bleiben. Diesen Zumutungen wurde nur noch Violetta ausgesetzt.

Anders sähe es natürlich aus, wenn sich eine eher unwahrscheinliche oder völlig unverhoffte Gelegenheit zu einem nur noch in Wachträumen vorgegaukeltem Seitensprung ergeben sollte. Für diesen seltenen Fall wollte ich allerdings dann doch nicht gänzlich zurückstehen.

So verblieben als modische Highlights nur noch Baseballcaps mit Corporate-Identity-Symbolen aus aller Welt, denen ich in völliger Gedankenferne eine Werbeplattform auf meinem Kopf anbot. Die Palette reichte dabei vom FC Barcelona bis zur Elektrohandlung Meyerdierks.

Um die Beantwortung einer Frage hatte ich mich bisher immer herumgedrückt: Durch welche Lebensumstände definierte sich eigentlich zurzeit mein Leben? Ganz sicher nicht durch meine Arbeit, dem täglichen Broterwerb. Gewiss, dieser war unerlässlich. Aber er hatte für mich vornehmlich den Stellenwert eines Jobs, der getan werden musste.

Mit einer viel stärkeren Intensität jedoch definierte sich mein Leben durch die Verdrängung der Angst vor gesundheitlichen irreversiblen Rückschlägen, die es mir nicht mehr erlaubten, meinen täglichen Beschäftigungen und Bedürfnissen ohne fremde Hilfe nachzugehen. Eine solche Situation könnte sich auch auf mein häusliches Umfeld nur mehr verheerend auswirken.

Aber konnte ich etwas tun, um einer solchen Katastrophe vorbeugend entgegenzuwirken? Hierzu fiel mir nichts ein. Eine Rückfrage bei Violetta hätte vielleicht den zarten Hinweis erbracht, auf die abendliche Flasche Rotwein zu verzichten. Aber das wäre ja bereits ein erster Schritt in Richtung Preisgabe elementarer Bedürfnisse und als Vorstufe der Katastrophe einzuordnen. Mit anderen Worten: ein Schritt in die falsche Richtung.

Zu den Kriterien der Verdrängung gehörte es auch, dass ich es grundsätzlich ablehnte, irgendwelche Vorsorgeuntersuchungen über mich ergehen zu lassen, durch die dann das Bewusstsein für ein im Vorfeld sich abzeichnendes langes Siechtum geschärft wurde. Da wurde der Todesangst doch geradezu in die Hände gespielt.

Bei näherer Überlegung konnte ich mich allerdings des Gedankens nicht erwehren, dass durchaus auch eine gewisse Form des Verzichts mein Leben definierte. Das galt nicht unbedingt in materieller Hinsicht, dafür war hinreichend vorgesorgt, wie ich mir in Vogel-Strauß-Manier einbildete. Es betraf viel mehr die gewählte Lebensform mit Violetta und ihrer Tochter.

Auf die Gründung einer Familie mit selbst gezeugten Kindern hatte ich aus verschiedenen Gründen verzichtet. Entweder waren die vormals in Augenschein genommenen und genossenen Damen nach meiner Einschätzung nicht prädestiniert für die entsagungsvolle Mutterrolle, weil ein schier überbordendes Ausmaß an profanem Lebenshunger den Zwängen des Familienalltags entgegenstand, oder meine eigene Befindlichkeit hatte bei der Erörterung dieser Grundsatzfrage erheblichen Schwankungen unterlegen. Kurz und gut, mit der Gründung einer eigenen Familie war es nichts Rechtes geworden, und das erweckte in mir seit Kurzem das Gefühl, irgendwie zu kurz gekommen zu sein. Um etwas zu ändern, war es inzwischen eh schon zu spät. Jetzt musste ich die Dinge eben so nehmen, wie sie sich entwickelten. Allerdings war ich mir natürlich bewusst, dass dies ein Wehklagen auf hohem Niveau war.

In der Regel war ich der Erste, der in den Vormittagsstunden auf Wangerooge den Strandkorb aufsuchte, da Violetta aus Angst vor Ozonlöchern ihrer Haut nur eine sehr befristete Zeit das Erlebnis einer solaren UV-Strahlenattacke zuteil werden ließ. Hinzu kam, dass die Verrichtung menschlicher Bedürfnisse beim Strandaufenthalt das Aufsuchen eines weiter entfernten und äußerlich wenig ansprechenden Toilettenhauses erfordert hätte.

So war mir in einer unaufschiebbaren Situation bei der in diesem Bedürfnishäuschen installierten Urinalkombination die Mittelposition zugefallen. Etwas neidvoll nahm ich die neben mir von zwei jungen Männern in hohem Bogen vollzogene Entleerungszeremonie zur Kenntnis. Dagegen hatte sich mein Strahl in der Mitte geteilt und beschrieb auch eine erheblich flachere Sinuskurve als die meiner Standnachbarn, die noch dazu in einem betrüblich lang anhaltenden Tröpfeln endete. Zur Zeit des Schulabschlusses hatte ich mich noch an einem Wettpinkeln beteiligt, bei dem es darauf ankam, eine Höhenrekordmarke zu setzen, wobei ich gar nicht mal so schlecht abgeschlossen hatte.

Mariella war eines Morgens mit einem jungen Mädchen aus der Nachbarstrandburg auf Shoppingtour gegangen. Nicht immer fanden ihre Einkäufe den ungeteilten Beifall der Mutter. In der beginnenden pubertären Phase Mariellas bahnten sich häufiger Auseinandersetzungen zwischen Mutter und Tochter an, zumal sich das Mädchen gelegentlich die Freiheit nahm, auch Kleider von Violetta überzustreifen. Mir fiel bei den sich anschließenden Diskussionen die Rolle des interessierten, aber nicht immer neutralen Schiedsrichters zu.

Ohnehin war das Erziehungsproblem in erster Linie Violettas Sache. Ich hielt mich dabei weitgehend zurück und wurde nur fallweise beratend tätig, zumal ich in einer Situation, in der ich Mariellas Verhalten gerügt hatte, mit dem Hinweis abgekanzelt wurde: Du hast mir gar nichts zu sagen – du bist nicht mein Vater. Da hatte sie mir die Verzichtskomponente meines Lebens wieder eindeutig vor Augen geführt, und ich hatte mich auch mit Violetta darauf verständigt, dass das erzieherische Moment primär in ihren Händen liegen sollte.

Gelegentlich begleitete mich Violetta auch auf meinen Strandspaziergängen. An einem solchen Tag hatte ich mir angesichts der bereits erlebten überfallartigen Wetterwechsel vorsorglich ein Polohemd übergezogen. Wenn es der Wind dann doch einmal geschafft hatte, die Wolken so weit zu verdrängen, dass die Sonne ins Spiel kam, zog ich das Shirt aus, um meinem vorsorglich mit einer hohen Schutzfaktor-Sonnencreme balsamierten Oberkörper einen leichten Bräunungseffekt zukommen zu lassen. Dabei wurde ich von Violetta mit einem kritischen Seitenblick beäugt.

»Du hast inzwischen mal wieder recht ordentlich zugelegt«, meinte die gertenschlanke italienische Exsopranistin mir ins Ohr gurren zu müssen. »Dein Bauch war auch schon mal flacher«, setzte sie als kleine Spitze noch oben drauf.

Schmähworte gegen das genetische Programm meines Körpers, für Krisenzeiten eine eiserne Reserve festzulegen. Verunglimpfungen getragen von typisch oberflächlicher italienischer Bella-Figura-Mentalität.

Diese Kritik konnte ich so nicht stehen lassen: Beim nächsten Bauchfettabsaugungs-Symposium kann man auf mich zählen. Ich fürchte nur, die kriegen keinen Fingerhut voll. Mein wertvolles Unterhautfettgewebe lässt sich auch nicht mit der Fett-weg-Spritze (Injektionslipolyse) so einfach wegschmelzen.

»Ich kann es in puncto Bauch noch mit den meisten Jüngeren aufnehmen«, tönte ich selbstbewusst.

»Du hast ein verzerrtes Selbstbild«, korrigierte sie mich. »Du könntest dich ja trotzdem einmal beraten lassen.«

Irgendwie geht alles den Bach runter, dachte ich kurzzeitig verstört, um postwendend ihre Argumente in Luft aufzulösen:

»Du hast ja keine Ahnung, was beim Fettabsaugen Sache ist. Mit den Fettzellen verliert der Körper erhebliche Mengen an Flüssigkeit.

Dieser Verlust kann so groß werden, dass sich ein Schockerlebnis einstellt, und zwar in doppelter Hinsicht: Zunächst einmal mutiere ich zum Faltenmonster und dann wird mir ein Kompressionsmieder angelegt, mit dem ich dir für mindestens ein halbes Jahr als zombiehafter Apoll meine nächtliche Aufwartung machen werde. Auf deine Ekel- und Entsetzensschreie bin jetzt schon gespannt.«

Violetta schaute mich fassungslos an. Offensichtlich hatte sie sich die Zukunft mit mir wohl etwas anders vorgestellt. Es fällt eben nicht immer unter die Rubrik »schlackenloser Genuss«, wenn man sich mit den Verfechtern makelloser Schönheit unter Darbietung des eigenen Astralleibes dem Risiko aussetzt, Strandspaziergänge zu unternehmen.

»Ich bin nun einmal nicht dafür geschaffen, abends im Restaurant mit voller Inbrunst über das Salatbüfett herzufallen und dabei genüsslich an einem Gläschen Mineralwasser zu nippen. Ich bin bei aller gebotenen Bescheidenheit kein genussresistenter Mensch.«

»So kann man es auch sagen«, meinte sie sarkastisch.

»Da liegt ein Schuh«, sagte ich unvermittelt, dankbar, dem Gespräch eine Wendung geben zu können.

Es war ein schwarzer, einsamer, derber Schuh, der aus dem angeschwemmten Strandgut herausragte. Ein linker Schuh. Von der Größe her eher der Schuh einer klein geratenen Person.

»Vielleicht der Schuh eines Schiffbrüchigen«, fügte ich hinzu.

»Vielleicht hat jemand seine Schuhe auch nur über Bord geworfen, weil sie nichts mehr taugten«, sagte Violetta.

Ich erinnerte mich, während meiner Schulzeit einen Besinnungsaufsatz mit dem Titel *Mein linker Schuh* geschrieben zu haben. Für denjenigen, der mehr als eine Seite Text vorzuweisen hatte, wurde ein Sehr gut ausgelobt. Diese Vorgabe schloss ich mit der Bestnote ab. Besonders beeindruckt war der Lehrer, dass ich einen wesentlichen Unterschied zwischen dem rechten und dem linken Schuh ausgemacht hatte, indem ich darlegte, dass der linke Schuh möglicherweise den Zumutungen eines hartnäckigen Fußpilzes ausgesetzt war. Dies hätte zur Folge gehabt, dass der Träger dieses Schuhs sich denselben fluchend vom Fuß gerissen hätte, um sich durch intensives Kratzen gegenüber dem Juckreiz Erleichterung zu verschaffen. Der linke Schuh galt fortan als verseucht und hatte im Ranking gegenüber dem Rechten keine Chance mehr. Der linke Schuh sah sich überdies massiven Spray-Angriffen durch Desinfektionsmittel ausgesetzt und wurde dadurch zusehends zäher und brüchiger. Als letztlich eine lederne Schnürbandöse einriss, war unwillkürlich der Tag seiner Entsorgung gekommen. Alles in allem also eine Geschichte, die mit dem Attribut *aufwühlend* nur unzureichend beschrieben ist.

Der Wind flaute plötzlich ab, und ich wünschte mir für einen Moment, dass wenigstens im Unterbewusstsein auch einmal die Zeit stillstehen könnte, beschloss aber, das Thema auf einen der Höhepunkte des Jahres wie den Totensonntag zu verschieben, um den aktuellen Erholungsprozess nicht akut zu gefährden.

Nach einer Weile passierten wir ein Schild, das uns den Weg zu einem Dünencafé wies. Kaum hatten wir dort Platz genommen, als eine Mücke ihren blutgierigen Rüssel in meinen Arm bohrte. Noch während das Insekt saugte, sah ich bereits Blut fließen. Es gelang mir, den ungebetenen Vampir zu erschlagen, doch schon nach kurzer Zeit stellte sich ein unangenehmer Stechschmerz ein.

»Verdammtes Viech«, fluchte ich.

Violetta nahm sich selbstlos meiner an.

»Warte mal«, sagte sie, »ich kenne da ein neues Mittel. Der Schmerz wird gleich verschwunden sein.«

Sie tauchte ihren Löffel in die Tasse ihres heißen Kaffees, ergriff meinen Arm und presste das heiße Metall auf die Einstichstelle.

»Das gibt eine Verbrennung zweiten Grades!«, schrie ich, »was soll der Blödsinn?«

»Warte einen Moment, danach ist das Gift thermisch zersetzt, und du kannst den Insektenstich vergessen.«

In der Tat war die Wirkung des Stichs nicht mehr spürbar. Sie hatte offensichtlich ein analgetisches Wunder bewirkt.

»Auf so einen simplen Trick hätte man auch schon zu Zeiten Paracelsus' und der Alchimisten kommen können, sinnierte ich vor mich hin, schließlich gab es auch damals schon solche geflügelten Quälgeister.«

Am vorletzten Tag unseres Inselurlaubs kam es zu einer unverhofften Begegnung. Ich hatte mich erneut auf meine Wanderroute in Richtung Ostteil der Insel begeben. In Höhe des sogenannten Hundestrandes erblickte ich einen großen schwarzen Hund, der mein Interesse weckte. Es handelte sich um einen Berner Sennenhund, eine Hunderasse, die mir aufgrund eigener Hundehaltererfahrungen sehr vertraut war.

Eine gut aussehende Dame mittleren Alters versuchte vergeblich den Hund dazu zu bewegen, ihr ins Wasser zu folgen. Ich blieb in einiger Entfernung stehen und beobachtete einigermaßen amüsiert, wie das Tier immer wieder auf das Meer zulief. Aber sobald die kleinen auslaufenden Wellen seine Pfoten benetzten, machte es auf der Rückhand kehrt und zog sich auf den trockenen Saum des Sandes zurück. Der Hund war noch sehr jung und erst kürzlich dem Welpenalter entwachsen. Ich kam einige Schritte näher und gab der Dame zu verstehen, dass ihre Bemühungen wohl nicht von Erfolg gekrönt sein würden.

»Ich verstehe das nicht«, sagte die Dame, »andere Sennenhunde gehen doch auch ins Wasser.«

»Das ist richtig«, pflichtete ich ihr bei, »aber inzwischen gibt es offenbar eine neue Zuchtlinie, die auf Wasser mit Angstreflexen reagiert. Aber seien Sie nicht traurig, spendete ich Trost und Zuversicht, auf diese Weise bekommt Ihr Hund wenigstens keinen Durchfall durch das Meerwasser. Und von der gefährlichen Ebbströmung kann er auch nicht hinausgezogen werden.«

Die Dame schien mir dankbar zu sein für diese Information und schaute mich wesentlich freundlicher an als vorher. Sogar ein bisschen zu freundlich, wollte mir kurzfristig scheinen. Wir gingen ein Stück zusammen am Wasser entlang, und von Zeit zu Zeit streichelte ich ihren Berner Sennenhund.

»Er heißt Gustav«, klärte sie mich auf.

Beiläufig erwähnte sie, dass sie ihren Urlaub in einer Apartmentwohnung verbringe, wobei es von großem Vorteil sei, dass sie einen äußerst hundefreundlichen Vermieter habe. Leider wäre dies ihr letzter Urlaubstag: Morgen müsse sie wieder in der Redaktion sein.

»In der Redaktion?«, fragte ich überrascht. »Sind Sie Journalistin?«

»Ja«, antwortete sie, »bei der Osnabrücker Zeitung.«

»Dann sind wir sozusagen Kollegen«, sagte ich und wies auf meine eigene Tätigkeit hin.

»Rufen Sie mich doch einfach mal in der Redaktion an. Ich heiße Daniela Schubert und bin für den Lokalteil zuständig.«

Nun war der Klatschjournalismus nicht unbedingt meine Sache, aber gute Kontakte können sicherlich nicht schaden, dachte ich und erklärte bereitwillig – ja geradezu willfährig –, alsbald etwas von mir hören zu lassen.

Von dieser Begegnung abgesehen hielten sich meine Strandkontakte in überschaubaren Grenzen. Verstohlene Blickkontakte allenfalls bei der Betrachtung von Damen reiferen Alters in Nachbarsandburgen, die mehrfach am Tage Badetücher um den Körper schlangen, um dann in gebückter Haltung einen Austausch von Badewäsche gegen Unterwäsche oder vice versa vorzunehmen und die dabei ihr näheres Umfeld (dazu gehörte dann auch ich) mit einem ängstlich fragenden oder auch quasi schamvollen Mienenspiel bedachten.

Ich weiß nicht, was in mich gefahren war, dass ich mich am letzten Urlaubstag für ein Bad in der eiskalten Nordsee entschied. Vielleicht war es auch der Glaube, dass diese Form von Outdoor-Aktivität eine Art Jungbrunnen-Effekt für mich haben könnte. Nun, mit dem Glauben sind schon andere schlecht gefahren. Warum sollte es mir besser ergehen? Das Wasser hatte gefühlte Polarmeer-Temperatur. Ein kräftiger Wind ließ beachtliche Brecher gegen den Strand rollen. Mit langsamen Schritten trotzte ich dem Kühlhauseffekt und war mir nicht sicher, ob ich meinen Pioniergeist-Anfall überleben würde. Schon beim ersten Auftreffen des Eiswassers gegen den Lendenbereich setzte ein schlagartiger Harndrang ein, dem ich sofort nachgab. Allerdings erwuchs angesichts des bei der Nordsee anzusetzenden Verdünnungsfaktors in mir keinerlei ökologisches Unrechtsbewusstsein.

Mit zunehmender Aufenthaltsdauer im Wasser wuchs dagegen mein Selbstbewusstsein: Ich war einmal über meinen Schatten gesprungen und fühlte mich als Folge der Kälteanästhesie nicht einmal unwohl.

Nach meiner Rückkehr in den Strandkorb bat mich Violetta, von dem nahe gelegenen Strandkiosk zwei Waffeln Eis mitzubringen. Mit Eis war ich ja jetzt bestens vertraut. Als ich die Eistüte entgegengenommen hatte, wurde ich von zwei übermütig herumtollenden Kindern leicht angerempelt, wobei ich fast mein Gleichgewicht verlor, aber noch jongleurartig die Eismitbringsel in senkrechte Position bringen konnte. Eine ältere Dame taumelte erschrocken zurück und kommentierte diesen Vorfall mit den Worten: »Vorsicht, junger Mann.« – Ich gebe es zu. Der »junge Mann« tat mir gut. Vielleicht war es aber auch nur eine gängige Redewendung, die ganz alte Menschen gegenüber weniger alten im Munde führten. Oder die Dame war schlicht sehbehindert. Wer weiß denn heute schon Genaueres?

Und das wenige, das man weiß, könnte in den nächsten Jahren ungewollt in Vergessenheit geraten. Wenn es ganz dumm läuft, dann zieht man Bilanz und kommt zu der Erkenntnis: Der größte Teil des Lebens war für die Katz. Anders gesagt: Wahrscheinlich hatte man sein halbes Leben ohnehin nur im Stand-by-Modus verbracht.

Es wurde langsam Zeit, dass ich mich vom Acker machte – in diesem Fall von der Insel. Sonnenuntergänge hatte ich zur Genüge erlebt. Die Seehunde auf den vorgelagerten Sandbänken kannte ich beim Rufnamen und die Möwen hatten in schöner Regelmäßigkeit auf den Strandkorb geschissen.

Stadtluft macht frei, und so kutschierte ich meine Quasifamilie nach vierzehn Tagen Sonne, Sand und Wolken wieder nach Hause.

Der Urlaub war vorbei. Jetzt galt es wieder, Geschmack zu finden an den Trivialitäten des Alltags.

18

Zu Hause fand ich eine Einladung von den Nordmanns vor. In meiner Eigenschaft als Kunstkritiker war meine Anwesenheit anlässlich einer Prämierung von Arbeiten der Studenten der Kunstakademie erwünscht, und im Anschluss wolle man den Tag mit einem gemütlichen Essen *à la manière méditerranée* fröhlich ausklingen lassen. Das hörte sich vielversprechend an, und ich sagte sofort für Violetta und mich zu.

Nordmann eröffnete die Ausstellung und verteilte an die vier bestplatzierten Nachwuchskünstler Geldpreise. Dabei vergaß er nicht zu erwähnen, dass er keineswegs mit der Entscheidung der Jury konform gegangen sei. Er habe aber in den letzten Jahren ohnehin für sich neue Maßstäbe hinsichtlich der hier gebotenen figurativen Malerei gesetzt, sodass die Jury vielleicht gut beraten war, ihn nicht zu berufen.

Die Arbeiten zeigten durchweg Mut zum Experiment, waren aber noch weit entfernt davon, irgendwie »informell« zu sein. Einen Durchbruch in die Beletage der europäischen Galerien konnte man hier zwar nicht erwarten, dennoch fiel meine Kritik für die Stipendiaten durchaus wohlwollend aus.

Eine Überraschung erlebte ich allerdings beim späteren Betreten der Privaträume Nordmanns. Im Wohnraum hingen drei großformatige Bilder eines Nordmann nahestehenden Künstlers aus Vallauris, die bei erster flüchtiger Betrachtung den Eindruck identischer schwarzer Flächen vermittelten. Es handele sich um schwarze Monochromien, sogenannte *Pinturas negras*, sagte Nordmann. Die teilweise geschichteten und sehr grobkörnigen Bilder erschlossen sich dem Betrachter erst bei höchster visueller Konzentration und erlaubten dann das Erahnen formaler Prinzipien wie Kreuze, Balken, Vögel und schwarzer Sonnen.

Das abgrundtiefe Schwarz dieser Bilder mache ihr Angst, sagte

Violetta. Es sei geradezu eine Hommage an die Finsternis und an den Tod.

»Ich halte solche Bilder für ein Zeichen künstlerischen Verfalls«, sagte ich. »Für mich sind das Ruß- oder Teerplacken. Schwarz ist keine Farbe. Schwarz bedeutet Abwesenheit von Farbe und Nichtexistenz von Licht. Das ist für mich aber unabdingbares Kriterium der Malerei, und nicht nur das: Klammern wir uns nicht alle an ein noch einzulösendes Versprechen ewigen Lichts?«

Die Nordmanns schwiegen betreten. Offensichtlich hatte ich in ein Fettnäpfchen oder einen Kohlenkasten getreten. Violetta streifte mich mit einem verheerenden Blick. Ich wurde deutlicher:

»Ob rabenschwarz oder pechschwarz ist mir egal. Ich finde Schwarz Scheiße.«

»Was sind Sie überhaupt für ein Mensch?«, begehrte Frau Nordmann auf.

»Nun«, erwiderte ich freundlich, »wenn Sie Näheres über mich erfahren wollen, dann blättern Sie doch mal in der Schöpfungsgeschichte.«

Nordmann rettete die Situation durch dröhnendes Lachen.

»Rodolfo, Sie sind unverbesserlich. Aber in unserem Alter ist man vielleicht sensibel geworden für das, was eine von Unicef oder der Max-Planck-Gesellschaft in Arbeit gegebene Studie auch ohne Kristallkugel und Berücksichtigung der Forschungsergebnisse von Hanussen und Nostradamus herausgebracht hat: Die Todeswahrscheinlichkeit liegt bei hundert Prozent. Also kein Grund sich aufzuregen.«

Triumphierend schaute der Kunstsinnige in die Runde. Nun wollte man es ja gerade im Hause Nordmann als vor Genusssucht vibrierender Mensch mit dem Gastgeber nicht ganz verderben, und so lenkte ich ein:

»Natürlich haben Sie da recht, Professor. Wäre ich Buddhist, so könnte ich ja an die Reinkarnation glauben, und alles wäre halb so schlimm. Aber als was oder wer wird man da wiedergeboren? Das ist doch die Frage. Vom Einzeller bis zur hoch entwickelten Vogelspinne ist ja nahtlos alles drin. Oder soll ich etwa als mein eigener Großvater wieder von vorn anfangen? Das ist eine Sache des Glaubens, und der hilft bekanntlich nicht wirklich weiter.«

Nordmann schenkte Rotwein ein.

»Zum Wohle!«, prostete er uns zu. »Wissen Sie, eine Wiedergeburt ist völlig unnütz, wenn keine Erinnerung an das Vorleben besteht. Sollte ich mich aktuell in einem recycelten Zustand befinden, so ist mir bis heute der Vergleich verwehrt geblieben, ob ich nicht in einem früheren Leben möglicherweise Michelangelo, Kleopatra oder Hitler war. Aber da wir schon den Tod hier thematisiert haben: Er ist immer noch das einzige Heilmittel gegen das Älterwerden – sozusagen die Wunderwaffe der Gerontologie.«

Ganz konnte er es also doch nicht lassen. Aber sei es drum.

Frau Nordmann servierte San-Daniele-Schinken mit Melonenscheiben und als Hauptgang ein Steinpilzrisotto mit mediterranen Gemüsen. Der schwere *Brunello di Montalcino* trug in beeindruckend kurzer Zeit zur Verunnüchterung bei. Während Nordmann und ich uns über die nasale Impotenz profilierungsneurotischer Weinverkoster austauschten und Nordmann eine Spezies ansprach, die er als Degustationsterroristen oder sogenannte Nachverlanger charakterisierte, die den gesamten angebotenen Stoff hemmungslos in sich hineinschütteten (am Ende hatte er noch mich gemeint, und ich hatte es nicht bemerkt), waren die Damen einander nähergekommen, indem sie den Vorboten des Alters mit einem Gedankenaustausch über Wellness-Aktivitäten zu Leibe rücken wollten. Ayurveda, heißer Stein und Thalasso – wie neugeboren würde man sich da fühlen, so Frau Nordmann. Violetta verwies dagegen auf die Gemüt besänftigenden Wohltaten einer Klangschalen-Meditation sowie das Spannung abbauende Löcher-in-die-Luft-Schlagen beim Tai Chi. Seltsam. Beim Golfspiel hatte das Löcher-in-die-Luft-Schlagen bei mir einen geradezu gegenteiligen Effekt: Alttestamentarische Wut konnte mich da erfassen, die in ungezügelten Schreitiraden gipfelte. Ach ja: die Etikette …

Nordmann und ich hielten uns jedoch bedeckt und überließen uns unverzagt den Segnungen des Alkohols. Unerwartet schnell war die erste Flasche ausgetrunken. Nordmann öffnete postwendend die nächste und ließ das Bukett durch seine Nasenflügel zirkulieren. Schlagartig verdüsterte sich sein Gesichtsausdruck.

»Korken«, sagte er mit Leichenbittermiene.

»Jammerschade um den Stoff«, nahm ich Anteil.

Nordmann erwiderte nichts, ging in die Küche, kam mit einem Bündel von Plastikfolien und einer Karaffe zurück. Er ließ den Aroma-geschändeten Wein in die Karaffe fließen, zerknüllte die gesamte Plastikfolie und presste diese anschließend in die Karaffe.

»Was machen Sie denn da?«, fragte Violetta pikiert. »Wollen Sie den Wein auf Plastikfolie aufziehen und als Gemälde verkaufen? Ein neuer Meilenstein der experimentellen Moderne?«

Nordmann grinste hinterhältig.

»Warten Sie es ab. In fünfzehn Minuten werden Sie ein Wunder erleben.«

Nach einer Weile entfernte Nordmann die Folie aus der Karaffe und goss den Wein in neue Gläser. Ich traute meiner Nase und anschließend meiner Zunge nicht. Der Korkengeruch und -geschmack hatte sich total verflüchtigt. Anfänglich war ich der Meinung, dass meine Geschmackspapillen sich nun auch bereits ihrem langsamen Verfall näherten, doch Nordmann wusste mich zu beruhigen.

»Ein alter Winzertrick aus Südfrankreich. Wenn der Korken nicht zu extrem ist, klappt das Experiment zumeist.«

»Schade, dass ich erst jetzt von dieser Wunderwaffe Kenntnis erhalte«, sagte ich. »Wahrscheinlich habe ich ganze Flaschenarsenale umsonst in den Ausguss gekippt. Aber dafür haben wir heute vorzüglich gegessen«, lobte ich Frau Nordmann, die mich inzwischen wieder mit einem gütigen Lächeln bedachte. Nun kam auch die gepflegte Tischkonversation wieder in Fluss.

»Ich bin Ihnen ja so dankbar«, ergriff die Dame des Hauses das Wort, »dass heute nicht geraucht wurde. Diese Nebelschwaden von Tabakqualm hängen noch tagelang in Vorhängen und Gardinen. Einfach unerträglich.«

Frau Nordmann begann vorsorglich zu hüsteln, ganz befangen in der Rückschau auf die erlittenen Heimsuchungen durch nikotinbewusste Gäste.

In einem den schönen Künsten zugewandten Hause fand ich jetzt eine günstige Gelegenheit vor, meinen kritikergestählten Kunstsinn schamlos einzubringen, indem ich auf die von den Malern der Romantik so prächtig eingefangenen Motive des Rauchens von Flüssen und Seen im Winter und des Rauchens von Wäldern und Straßen nach Niederschlägen im Sommer verwies. Die Schönheit der Dampfnebel könne gar nicht hoch genug gewürdigt werden, sagte ich: Selbst das Brockengespenst sei auch nur der vergrößert erscheinende Schatten eines Beobachters auf einer Nebelwand. Ein zauberhaftes Phänomen.

Damit hatte ich wohl auch den Hausherrn aus einer leichten

Benebelung getrieben, denn er legte unverzüglich mit dem Angebot nach:

»Rodolfo, wie wäre es jetzt mit einer edlen Davidoff?«

Zur Erleichterung von Frau Nordmann winkte ich ab. Andererseits schoss mir der Gedanke durch den Kopf, dass ich meiner Gesundheit lange genug gefrönt hätte. Warum jetzt nach dem Einstieg in die Präsenilität nicht auch noch ein wenig Halt im Laster finden?

Nur mit Rücksicht auf die Gastgeberin schlug ich das Angebot des Hausherren aus. Nichtsdestoweniger hätte ich jederzeit auch ein Plädoyer für ungezügelten Nikotingenuss einlegen können. Es handelte sich ja nicht nur um eine Marotte im jugendlichen Proll-Umfeld: Auch in den aufgeklärten Kreisen wurde allen Unkenrufen zum Trotz gequarzt, dass die bronchialen Verästelungen nur so vibrierten. Und die, die es wissen sollten, die sich Tag für Tag als Schaffende im Heilwesen mit dem Anblick maligner Bronchialkarzinome auseinanderzusetzen hatten, zogen im Ärztezimmer von Hustenreflexen geschüttelt postoperativ die nächste Roth-händle durch. Von Einsicht keine Spur. Eine lebensverkürzende Wirkung war andererseits ja genau so wenig wie beim getreuen Lebensgefährten Alkohol durchgängig bewiesen. Gegenbeispiele gab es genug. Und an irgendeiner Unpässlichkeit würde man dereinst ohnehin verscheiden. So viel war schon mal sicher.

Auch Nordmann mochte ähnliche Gedanken hegen. Er verwies darauf, dass auch und gerade in den Kreisen der ihn umgebenden Prominenz der blaue Dunst sich nicht gelichtet habe.

Prominenz – das war das Stichwort für Violetta.

»Welche Art von Prominenz sprechen Sie da an? Die A-, B- oder C-Klasse?«

Nordmann schaute etwas unwissend.

»Die A-Klasse«, erläuterte Violetta, »sind zum Beispiel Schauspieler, Minister, Sportler und Politiker, die über die Medien ihren Bekanntheitsgrad erlangt haben. Die B-Klasse dagegen, auch Pseudoprominenz genannt (in der Schweiz auch Cervelat-Prominente), tritt nur gelegentlich in der Öffentlichkeit auf, jedenfalls hält sich ihr Ansehen in Grenzen. Man könnte auch sagen: Die A-Klasse hat ihren Wert und die B-Klasse ihren Preis. Ganz unten im Ranking folge dann die C-Klasse mit Personen, die aufgrund erheblicher Persönlichkeitsdefizite jegliche Feinsinnigkeit vermissen ließen und in sogenannten Reality-Shows wie *Big Brother* oder *Dschungelcamp* den Wichtigkeitskasper geben.«

»Eine interessante Klassifizierung«, lobte der schon leicht weinbewegte Nordmann. »Es dürfte sich sicher lohnen, mal eine Liste anzufertigen, die den Vertretern dieser drei Klassengesellschaften ihren gebührenden Platz einräume.«

»Dann landest du mit Sicherheit in der C-Klasse«, keifte die Ehefrau ungezogen dazwischen. »Da kannst du dich dann mit Moderatoren von IQ-20-Qualität wie in der Sendung *Deutschland sucht den Superstar* auf Teletubbie-Niveau austauschen.«

Einfach nur ungezogen, so was. Ich meinte, etwas von Verbitterung herauszuhören. Sollte es etwa zarte Risse im Ehegebälk der Nordmanns geben, von denen niemand etwas ahnte? Oder war es auch hier der allumfassende Verlust des Sehnsuchtsbildes nach zermürbenden langen Ehejahren? Als Mann von steter Lauterkeit konnte ich mir unseren Gastgeber allerdings auch nicht ohne Mühe vorstellen. Die von mir seit Längerem als Gendefekt ausgemachte weiße Narbenlinie unter dem linken Auge der Gattin erhielt in meiner Vorstellungskraft jetzt einen neuen Stellenwert, da ich es bei Nordmanns schwankenden Gefühlslagen nicht ganz ausschließen wollte, dass er im Streit auch zu Handlungen fähig war, die jenseits der Genfer Konvention lagen. Aber dazu wollte ich mich nicht einmischen. Das würde alles schon seine Gründe haben.

Nordmann erhob sich, um eine neue Flasche Rotwein aus dem Keller auffahren zu lassen. Augenzwinkernd kündigte er eine »wahre Granate« aus der Toskana an.

»Ein Kraftpaket. Jahrhundertstoff, schnalzte er bereits im Vorgefühl des Genusses mit der Zunge.«

Kurze Zeit später hörten wir Nordmann im Keller wüste Flüche ausstoßen.

»Scheißbananen, elendige. Verdammte Chiquitas.«

Was war geschehen? Aus nicht eindeutig zu belegenden Gründen war der Professor im Keller ausgerutscht und im Bemühen, das Weinkleinod nicht auf dem Boden zerscheppern zu lassen, mit dem Schädel gegen eine im Regal verstaute Chiquita-Bananen-Holzkiste geprallt. Kurz darauf erschien der große Schmerzensmann in der Attitüde eines Öko-Christus mit einer zur Verwünschung geballten linken Faust, aus der eine Bananenspitze ragte, und einer unversehrten Weinflasche in der Rechten.

Der Sturz gegen die Holzkiste hatte bei Nordmann zu einer komfortablen blutigen Schramme an der Stirn geführt, die eine unverzügliche Erste-Hilfe-Aktion der Ehefrau nahelegte. Mit einem notdürftig um die Schädelpartie geschlungenen turbanartigen Handtuch vermochte er immerhin doch einige Heiterkeit, ja sogar ein gewisses Mitgefühl zu erzeugen.

»Drecksbananen«, knurrte Nordmann.

»Vielleicht sollten Sie sich einen Moment hinlegen«, sagte Violetta.

Eine reine Höflichkeitsfloskel. Mehr nicht. Nach dem Hinlegen würde es zumeist noch schwerer sein, wieder auf die Beine zu kommen.

»Liebe Violetta, machen Sie sich um mein Wohlergehen keine Gedanken. Wir wissen es doch beide: Das Leben muss nicht immer gut ausgehen.«

Immerhin hatte Nordmann seine Contenance wiedergefunden.

Dem Abend ward noch ein weiterer Höhepunkt insofern beschieden, als Nordmann seinen Gästen unbedingt bewusst machen wollte, dass sein künstlerisches Genie auch in den Bereich der klassischen Musik hinüberschwappte.

Zu Schumanns zweiter Symphonie (C-Dur op. 61) gab er den mit einem Turban bekränzten Dirigenten, der mit Zuckerbrot und Peitsche führt, seinem imaginären Orchester aufmunternd zulächelt, aber auch mit weit ausholender Gestik und anfeuerndem Dompteursgehabe keinen Widerspruch duldet.

Bei der finalen Verneigung vor uns, seinem Premierenpublikum, rutschte die blutgetränkte Kopfbedeckung vom Haupt des Meisters.

Anhaltender Beifall war ihm gewiss. Schließlich war man Gast und wehrlos. Erschöpft ließ sich Nordmann in einen Sessel sinken. Es wurde Zeit für den Aufbruch.

19

In der Mitte der Sechziger hat der Mann eigentlich ein Alter erreicht, in dem sich der Trieb oder auch das Triebverhalten in überschaubaren Dimensionen präsentiert. Das sogenannte PADAM-Syndrom (partielles Androgen-Syndrom des alternden Mannes) hat längst die Wechseljahre eingeläutet und macht sich zusehends unbeliebt. Die Psychologie hat hier ihre eigene Sichtweise. Sie definiert den Trieb als einen angeborenen Verhaltensmechanismus, der sich in geordneten Bewegungsabläufen, den sogenannten Erbkoordinationen, äußert und durch bestimmte Schlüsselreize (ich rate mal: Busen, Hintern, Schamhaar, Schenkel und zur Not auch Gesicht) über einen angeborenen auslösenden Mechanismus in Gang gesetzt werden kann.

Andere wie Nikolaas Tinbergen gehen noch weiter und bezeichnen den Trieb als einen hierarchisch organisierten nervösen Mechanismus, der auf bestimmte vorwarnende auslösende Impulse anspricht und sie mit wohlkoordinierten arterhaltenden Bewegungen beantwortet.

Eine schöne Umschreibung für das von viehischen Begleitgeräuschen häufig unterstützte Gerumpel und Gerammel in deutschen Ehebetten. Und nicht nur dort.

Nun ist es ja nicht zu leugnen, dass dem Trieb grundsätzlich die Idee einer Triebbefriedigung inhärent ist und er sich auf ein bestimmtes Triebobjekt bezieht. In meiner etwas schlicht gestrickten Sichtweise war das Triebobjekt jedenfalls ein heterosexueller Partner. Mit anderen Worten: eine Frau. Und da dachte ich unversehens an Daniela Schubert aus Osnabrück.

Natürlich nicht ganz so direkt, eher noch etwas verschwommen, aber gewisse Schlüsselreize wollte ich mir bei einem demnächst zu verabredenden Rencontre schon vorstellen. Ich ging sogar noch weiter: Die Vision mündete kurzzeitig in einem Feuerwerk erhabener Gedanken, deren Erhabenheit allerdings nicht ganz mit dem Ethikbegriff der katholischen Kirche korrelierte. Vorstellbar war auch ein kollegialer Meinungsaustausch auf dem kurzen Dienstweg. Man würde ja sehen.

Am nächsten Tag rief ich die Strandbekanntschaft von der Redaktion aus an. Um meiner Reise einen beruflichen Hintergrund zu geben, schlug ich den Besuch einer Galerie in Osnabrück vor. Daniela Schubert war begeistert und wir einigten uns auf einen Termin in der Mittagszeit des kommenden Freitags.

In den Tagen vor der Reise nach Osnabrück wurde ich von Selbstzweifeln befallen. Ja, es wollte sich sogar eine gewisse Form von Unrechtsbewusstsein einstellen. Was bewog mich überhaupt, Gedanken an einen Ausbruch aus dem vertrauten partnerschaftlichen Umfeld zuzulassen? Schließlich war ich ja in Sachen Sexualität nicht erst am Anfang.

Am Freitagvormittag bestieg ich den Zug nach Osnabrück. Was wusste ich eigentlich von dieser Stadt? Nichts. Und das war auch noch übertrieben. Gewiss, aus meiner Tätigkeit als Sportredakteur waren mir noch einige Fußballheroen aus den Fünfzigerjahren des Vfl Osnabrück in Erinnerung geblieben: Flotho, Adi Vetter, Gleixner und Haferkamp. Aber was kam danach? Im Profifußball gar nichts mehr. Und ansonsten?

Die Galerie in der historischen Altstadt, die ich als Treffpunkt ausgewählt hatte, zeigte eine Ausstellung mit Bildern eines radikal abstrakten deutschen Malers, der sich aber auch schon als Plastiker und Designer einen Namen gemacht hatte. Insofern hatte die Osnabrückreise für mich auch noch einen informativen Hintergrund.

Ich war etwas vor der verabredeten Zeit eingetroffen und hatte Muße, die Bilder eingehend zu betrachten. In klaren Farben und wenigen Zeichen, die die Bildmitte aufbrachen, hatte der Künstler gestalterisch eine hohe Spannung erzeugt. Schon auf den ersten Blick war ich von den Bildern beeindruckt. Ich versuchte, die Bildsplitter in meiner Vorstellung nach ihren Farbwerten wieder zusammenzufügen, als sich mit einem Knarren die Tür der Galerie öffnete: Es war Daniela Schubert. Sie sah viel attraktiver aus als bei unserer ersten und letzten Begegnung am Hundestrand von Wangerooge.

Ich ging ihr einige Schritte entgegen. Wir umarmten uns freundschaftlich.

»Wie war die Anreise?«, fragte sie.

»Problemlos. Interessierst du dich für Malerei?«

Sie überlegte angestrengt, bevor sie antwortete.

»Interesse ist da. Ich lasse mich von ihr inspirieren. Aber die Türen bleiben häufig verschlossen.«

Eine ehrliche Antwort. Eigentlich ging es mir genauso. Aber als Kritiker und Kunstredakteur musste ich meine Ansichten häufig mit Sachverstand verbrämen.

»Bewahre dir dein Einfühlungsvermögen«, sagte ich, »und hüte dich vor den professoralen Kunstscheißern.«

Daniela lachte.

»Hast du auch eine Meinung zu diesen Bildern?«

»Natürlich»«, grinste ich, »du kannst es bei der abstrakten Malerei einfach so sehen: Der Verzicht auf Gegenstandsbezüge drückt den Zweifel des Künstlers an den äußerlichen Ordnungssystemen der Welt aus und manifestiert über seine persönliche Gestaltung der Bildfläche ein Ordnungssystem ganz subjektiver Art. Oder so ähnlich. Wenn du verstehst, was ich meine.«

»Du hast die letzten Zweifel ausgeräumt«, gab sie augenzwinkernd zurück.

Wir blieben noch eine Weile in der Galerie, ehe wir uns auf den Besuch eines Cafés in der Altstadt verständigten. Das Café hielt auch einige Snacks und Salate vor. Auf Kuchen oder anderes Gebäck konnte ich um diese Zeit gut verzichten. Daniela entschied sich für einen Insalata Caprese. Dazu bestellten wir eine 0,5-Liter-Karaffe-Weißwein.

»«Prost«, sagte ich vertrauensvoll.

Sie nickte sphinxhaft lächelnd zurück.

»Was hat die Stadt Osnabrück zu bieten, dass sie eine Journalistin in Brot und Lebensqualität erhält?«, fragte ich.

»Mehr, als die meisten glauben. Wir stehen kurz vor dem unabhängigen Filmfest mit Verleihung eines Friedensfilmpreises, und morgen findet das alljährliche Steckenpferdrennen der Schüler zur Feier des Friedensschlusses des Dreißigjährigen Krieges zum Rathaus statt. Falls du es nicht weißt: Der Westfälische Friede wurde 1648 in Münster und Osnabrück geschlossen. Du befindest dich eigentlich hier in Friedensstadt.«

»Eine zutiefst beruhigende Vorstellung. Schön, dass nun wieder Frieden herrscht«, antwortete ich. »Und inzwischen haben wir ja angeblich auch wirklich an persönlicher Freiheit gewonnen.«

»Warum angeblich?«, fragte sie
»Findest du nicht, dass wir im Grunde manipulierte Opfer von Medienrülpsern und Werbekonzernen sind? Hör dir doch nur die Popanze des Zeitgeistes in den aktuellen Sülz- und Labershows mit Promis der B- und C-Klasse an. Diese Trendmenschen haben inzwischen mit triefender Selbstgerechtigkeit das Meinungsruder in die Hand genommen, um uns vorzugaukeln, wie man leben müsse. Mit Verlaub: Diese Form von Zeitgeist finde ich zum Kotzen.«
»Wie möchtest du denn leben?«, fragte Daniela unvermittelt.
»Nur bedingt fremdbestimmt. Die Bedingungen sind allerdings verhandelbar.«
Ich nahm einen zu großen Schluck Weißwein und bekam einen roten Kopf.
»Sei unbesorgt«, sagte sie, »ich bin konfliktfähig. Man war ja schließlich nicht umsonst in der Therapie.«
Den Ursachen dieser Abweichung von der schnurgeraden Karrierelinie wollte ich zu diesem Zeitpunkt keineswegs nachgehen (man musste ja auch nicht alles wissen), und so erlaubte ich mir die aufklärerisch bemühte Zwischenfrage, wie sie sich den weiteren Verlauf des angebrochenen Nachmittags vorstelle. Sie zögerte keine Sekunde.
»Wir gehen zu mir. Alles andere wäre Zeitverschwendung.«
Das war ein Wort, dem ich nur noch ein begeistertes Kopfnicken folgen lassen konnte. Aber noch war man ja nicht am Ziel. Ein Fußmarsch von zehn Minuten erlaubte es, einen Hauch von Osnabrück zu genießen.
Daniela Schubert bewohnte eine Penthousewohnung mit atemberaubendem Terrassenblick auf das Wiehengebirge und den Teutoburger Wald. Ein Lebensumfeld in weitläufiger Natur und Beschaulichkeit. Der Strich eines gelben Rapsfeldes, gesäumt von Kiefern, Fichten und Lärchen.
»Schön hier«, sagte ich beeindruckt.
»Das findet Gustav auch«, meinte sie.
Der Sennenhund kam vertrauensvoll auf mich zu und bohrte mir gewissermaßen im Vorgriff auf die von seinem Frauchen erhoffte Feinarbeit seine feuchte Schnauze in den Schritt.
»Du hast recht«, sagte sie. »Der richtige Platz, um die Seele baumeln zu lassen.«

So weit wollte ich es aber doch nicht kommen lassen.
»Die Seele«, seufzte ich. »Wenn man nur wüsste, was sich dahinter verbirgt. Ein nasser Sandsack, oder was? Milan Kundera sagte einmal: *Wir wissen ..., daß die Seele nichts anderes ist als die Tätigkeit der grauen Gehirnmasse.* Aber die wird ja insbesondere bei den Gläubigen nicht gerade überstrapaziert.«
»Glaubst du an Gott?«, fragte sie mich.
»Nein, zumindest nicht auf der religiösen Schiene«, antwortete ich, »aber das würde jetzt zu weit führen. Lass uns ein Gläschen trinken und uns schlichteren Themen zuwenden.«
Wie so häufig bei ersten Annäherungen kam die Sternzeichen-Rätselfrage ins Spiel. Aber unsere Aszendenten passten nicht, und im Chinesischen Horoskop war auch nur eine Kreuzung von Ratte mit Schwein vorgesehen. Ungeachtet dessen war der Paarungsinstinkt geweckt.
Daniela verabschiedete sich für eine »klitzekleine Minute« ins Bad, um anschließend in schweres Parfum gehüllt gleichsam als Göttin Aphrodite hüllenlos aus demselben zurückzukehren.
Worum geht es hier eigentlich?, fragte ich mich kurzzeitig, kam dann aber doch drauf. Dieser heilige Ernst in ihren Zügen, ich begegnete ihm mit flackerndem Blick. Ihre Fingerfertigkeit erinnerte mich an die Fähigkeiten eines Entfesselungskünstlers. Es waren haptische Erfahrungen der besonderen Art. Auch mein Sonnenkönig war nicht wenig überrascht, in Sekundenschnelle im Freien zu stehen. Ein klarer Beweis für die These, dass unter dem Terminus »Die Hände in den Schoß legen« nicht immer Müßiggang zu verstehen ist. Man musste nicht drum herum reden: Daniela war eine äußerst anstellige Person, die mir in allen Lagen entgegenkam. Ein wahrer Stellungskrieg auf Schenkelhöhe. Auch die Plattitüde »Es lief wie geschmiert« wäre hier ein treffender Ansatz gewesen.
»Liebst du mich?«
Die Frage musste ja kommen. Muss man denn immer alles sagen?
Schließlich antwortete ich mit aller gebotenen Ehrlichkeit:
»Ich mag dich. Sehr sogar. Aber lieben kann ich nur mich selbst. Da kommt mir dann wenigstens kein Nebenbuhler in die Quere.«
Eine schleichende Unlust des Geistes stieg einmal mehr in mir

auf. Sie war nicht persönlich gegen Daniela gerichtet – offensichtlich führten die genossenen Ausschweifungen bei mir zu einer langsamen Verstopfung meiner Chakren. Vielleicht handelte es sich aber auch nur um eine bedauerliche Auswirkung meiner Minderbegabung im emotionalen Bereich.

»Ich glaube, ich fahre dann mal«, kündigte ich nach Wiedererlangung meiner Textilien den Rückzug an. Gemeinsam tranken wir den Rest des in der Flasche verbliebenen Weines und umarmten uns, und in der direkten Folge stand ich ungeduscht und kohabitationsverklebt draußen auf der Straße.

Es war kein weiter Weg zum Bahnhof. Ich beschleunigte meine Schritte mit jedem Meter, den ich mich von Danielas Wohnung entfernte. Dabei kam ich mir vor wie ein flüchtiger Krimineller, der sich eiligst vom Tatort entfernt. Nach einigen Minuten wurde ich kurzatmig und musste mich zwingen, langsamer zu gehen. Ein flüchtiges Zusammenkrampfen im Brustbereich deutete sich als Vorbote nahenden Unheils an, während ein plötzlicher Schweißausbruch meine Stirn benetzte. Nach allem, was ich darüber gelesen hatte, musste es sich um eine Panikattacke handeln. Dennoch war ich mir sicher: Das bedeutete alles gar nichts. Da wollte ich es doch eher mit der alten Bauernweisheit (oder war es Professor Sauerbruch?) halten: *Alter schützt vor Liebe nicht, aber Liebe vor dem Altern.*

Für einen a priori hedonistischen Menschen wie mich, der auf dieser Schiene noch immer die Kurve gekriegt hatte, waren solche Insuffizienzen ganz und gar unangemessen. Also den Kopf zwischen die Schultern und durch.

Wenig später saß ich im Zug. Freie Plätze gab es nur im Raucherabteil. Ich konnte später nicht mehr erklären, ob das Passivrauchen einen Einfluss auf die Geschehnisse ausgeübt haben könnte. Auf jeden Fall war ich in ein tiefes Brüten versunken und geriet in einen Zustand der Zerfallenheit mit mir selbst und der Welt. Ätherwellen schlechten Gewissens durchrieselten mich. War ich bereits auf dem Niveau einer Borderline-Persönlichkeitsstörung angelangt? Hatte ich diese Grenze nun auch noch überschreiten müssen, um mir einzugestehen, dass meine Lebens- und Weltentwürfe endgültig an der Altersklippe zerschellt waren?

Ich begann zu hyperventilieren und war nur noch in der Lage, schnell und flach zu atmen. Mundtrockenheit stellte sich ein und eine unbekannte Art von Übelkeit erfasste mich. Es war mir nicht mehr bewusst, warum ich mich in diesem Eisenbahnwaggon befand. Und wo wollte ich überhaupt hin? Ich durchlief ein Stadium der Orientierungslosigkeit. Das war also die Quittung: der Tod als der Sünde Sold. Langsam rutschte ich von der Bank.

Als ich wieder zu mir kam, lag ich auf dem Abteilboden, und der Schaffner diskutierte mit einigen Fahrgästen, ob man die Notbremse ziehen solle, um einen Rettungswagen direkt an die Strecke zu beordern. Man hatte das Abteilfenster geöffnet, um frische Luft hereinzulassen.

»Wie geht es Ihnen?«, fragte jemand.

»Tadellos«, keuchte ich, »es könnte nicht besser sein. Kann ich ein Glas Wasser bekommen? Oder besser noch: einen Defibrillator?«

Man hatte nur Wasser. Ich trank das Glas in einem Zuge leer und verlangte noch ein zweites.

»Es geht schon wieder«, sagte ich und richtete mich mithilfe des Schaffners wieder auf, um auf meinem Sitz Platz zu nehmen.

Langsam ebbte das Herzrasen wieder ab. Für Minuten verharrte ich in einer diffusen Schmerzerwartung. Doch es kam nichts mehr. Osnabrück, die Friedensstadt. Sie hätte auch leicht für mich zur Stätte des ewigen Friedens werden können. Fazit: No risk, no fun.

Am Bremer Hauptbahnhof stieg ich aus wie in Trance und nahm eine Taxe. Mit schlurfenden Schritten legte ich die letzten Meter bis zur Haustürklingel zurück.

Violetta öffnete. Auf meinen desolaten Anblick war sie nicht vorbereitet.

Sie schaute mich lange und irgendwie freudlos an. Ich begrüßte sie eher ein wenig zurückhaltend.

»Hallo«, sagte ich wohl, »wie war denn noch der Name?«

Zunächst hielt sie diese Begrüßungsformel für einen abgeschmackten Scherz. Als ich aber auf Mariella deutete und den Fragenkomplex mit den Worten erweiterte: Wie lange lebt sie denn schon hier?, stürzte Violetta ans Telefon und rief den Notarztwagen. Es dauerte keine zehn Minuten, dann war ich von vier orangefarben bedressten Vertretern des mobilen Heilwesens umringt. Man schloss mich an ein EKG-Gerät an und machte mich auf der Bahre transportfähig für die Einlieferung in eine Klinik.

Die Erstdiagnose lautete auf Gedächtnistotalverlust und Apoplexverdacht. So landete ich im unmittelbaren Anschluss an meine lebensnahe Osnabrückreise in der Aufnahme der Schlaganfallstation (Stroke Unit).

Wegen Überbelegung konnte man mir kein Einzelzimmer zuweisen, sondern verlegte mich in ein Dreibettzimmer. Routinemäßig wurde mir eine sogenannte Braunüle zwecks Zuführung von Infusionen und Medikamenten in den rechten Unterarm geschoben. Darüber hinaus verkabelte man mich wie einen Hightech-Synthesizer. An einen geruhsamen Heilschlaf war in diesem Raum ohnehin nicht zu denken. Meine Zimmernachbarn wälzten sich knarrend in ihren stählernen Rollbetten. Gelegentlich waren ein lautes Stöhnen sowie Flatulenzen epochaler Lautstärke zu vernehmen.

Nachts erschien der diensthabende Oberarzt, um sich über den gegenwärtigen Stand meiner Orientierungslosigkeit zu informieren. Mein Zustand hatte sich inzwischen allerdings so weit stabilisiert, dass er sich die Frage nach Name, Alter und Tagesdatum hätte schenken können. Es ging also weiter. Apoplextypische Lähmungserscheinungen waren nicht zu verzeichnen.

Am folgenden Tag durchlief ich ein Kontrollprogramm von Ultraschall, EEG und Kernspintomografie. Sämtliche Messdaten einschließlich der Blutdruck- und Blutzuckerwerte ergaben keinen Hinweis auf eine schlaganfallrelevante Symptomatik. Im Sinne Adornos stellte sich hier allerdings die Frage: *Was nützt einem die Gesundheit, wenn man ansonsten ein Idiot ist?*

Mein Ärzteteam verständigte sich schließlich auf den Befund *Transiente Globale Amnesie (TGA)* – ein plötzlich auftretender und ebenso schnell verschwindender Gedächtnisverlust, für dessen Entstehung es bis dato keine gesicherten Erkenntnisse gab. Ich hätte da allerdings mit einigen Erlebnissen aus der Schulzeit weiterhelfen können. Insbesondere im Fach Mathematik hatte ich mich oft genug orientierungslos gefühlt. Dies hier war offensichtlich noch ein später Nachschlag.

Hinsichtlich der Auslösung dieser TGA-Episode verweist die von mir im Nachhinein konsultierte Fachliteratur auf körperliche Anstrengungen wie Joggen oder Skilanglauf, emotionale Belastungen, Eintauchen in kaltes und warmes Wasser und man höre und staune: Geschlechtsverkehr. Den hatte ich ja beinahe vergessen. Aber das war ein neuer Ansatzpunkt: Während man sich früher getrieben von vorschnellem Handlungszwang die eine oder andere Partnerin überhaupt erst schön trinken musste, wurde man im Alter eines alles vernebelnden TGA-Erlebnisses teilhaftig und schon war das ganze Gestöpsel vergessen. Wunderbare Aussichten: Die wahre Läuterung als Merkbefreiter in der Restlebensnische.

Am nächsten Tag holte mich Violetta aus dem Krankenhaus ab, und ich hatte das Gefühl, als wäre ich aus einem Albtraum erwacht.

20

Es wäre jetzt an der Zeit für eine Zwischenbilanz. Wo stehe ich? Was habe ich erreicht? Was kann ich noch erwarten? Es gab Menschen in meinem früheren Umfeld, die hatten sich das Thema Selbstverwirklichung auf die Fahne geschrieben. Eine klassische Zeitgeistphrase.

Diesen Weg habe ich nie beschritten. Ich weiß bis heute nicht, welches Selbst in mir verwirklicht werden soll. Und was für eine Wirklichkeit soll das sein? Wer gibt hier eine klare Zielsetzung vor? Ich selbst kenne sie nicht. Meine Wirklichkeit ist kein verlässlich definierter Zielpunkt. Und was heißt schon Wirklichkeit bei unserem mehr als bescheidenen Wissen von den Ur- und Hintergründen unserer Existenz?

Ich bin ohnehin der Meinung, dass der Weg der Selbstverwirklichung in die Irre, ja Isolation führen muss. Eine Selbstverwirklichung kann keine Rücksicht auf Partner nehmen, wenn der Ansatz konsequent ausgeführt wird. Das vorprogrammierte Scheitern von Beziehungen dürfte sich dann besonders verhängnisvoll im Alter auswirken. Der Weg in die Einsamkeit wäre somit unausweichlich. Insofern würde man völlig unverwirklicht in das letzte Lebensdrittel hineindümpeln.

Den Tabletten zum Trotz – oder gerade ihretwegen – fühle ich mich ausgezeichnet. Von Bußfertigkeit oder einer Läuterung der bisherigen Verhaltensweisen keine Spur. Somit wird auch kein Gedanke an die christliche Forderung verschwendet: *Tut Buße, denn das Himmelreich ist nahe.*

Die Frage *Wo stehe ich?* ist nur schwer zu beantworten. Wo hat man denn in dieser Lebensphase zu stehen? Gibt es dafür verbindliche Standorts-Qualitätsmerkmale?

Das Ziel meiner Verwirklichung dürfte auch grundsätzlich im Zusammenhang mit unserer genetischen Ausstattung zu sehen sein. Dabei könnte die Selbstverwirklichung ja auch nach hinten losgehen, wenn meine Genetik möglicherweise durch starke kriminelle Komponenten geprägt wäre. Am Ende habe ich mich erst dann konsequent verwirklicht, wenn aus mir ein notorischer Sexualstraftäter, spektakulärer Bankräuber oder Papstmörder und dergleichen geworden ist. Einen Masterplan für mein Leben hatte ich bislang noch nicht entworfen.

Die demografischen Zahlen sind Fakt. Der wachsenden Zahl von älteren Menschen steht keine proportional notwendige Geburtenzahl gegenüber. Medienberichten, dass diese gerontologische Lücke nun durch Migration geschlossen werden sollte, da die ausländische Bevölkerung im Vergleich zur deutschen wesentlich jünger ist, kann man nur entgegenhalten, dass der Trend dann offensichtlich dahingeht, dass Sprachschwierigkeiten Vorbedingungen für eine Karriere werden, denn das Niveau der beruflichen Bildung der jungen Ausländergeneration bleibt deutlich hinter dem ihrer deutschen Altersgenossen zurück.

Nach einer Studie des Statistischen Bundesamts aus dem Jahre 2005 leben in Deutschland 15,3 Millionen Menschen mit sogenanntem Migrationshintergrund. Das ist fast ein Fünftel (19 Prozent) der Bevölkerung. Gilt der Terminus Migrationshintergrund eigentlich auch für ehemalige DDR-Bürger? Dann wären es ... na ja, rechnen Sie selbst.

Junge Männer aus bestimmten Volksgruppen des südosteuropäischen Raumes haben sich hier bei uns durch beeindruckende Leistungen auf dem Gebiet der Messerstecherei und der Gegen-den-Kopf-Treterei auch gegenüber älteren Personen profiliert. Sie kennen es aus ihren Ländern vielleicht nicht anders. Das soll kein Bekenntnis zur Inszenierung unseres Deutschtums sein. Aber hier klafft noch eine gewaltige Harmonisierungslücke.

Schaut man mal noch weiter gen Osten, so ergibt sich eine neue Perspektive: Der Inder ist ja sehr gefragt. Soll gerade in der Computertechnik erheblich schlauer sein als unsereiner und der ganze restliche Migrationshintergrund. Aufgrund seines Karmas besteht aber die Gefahr, dass er sich für die nächsten Jahre – nach seiner Migration – in die Lotusstellung zur meditativen Versenkung begibt, um Brahmane zu werden, anstatt uns bei der Entwicklung hochspezialisierter Software gehörig unter die Arme zu greifen. Das wäre schade.

Aber stellt denn unsere heutige iPod-Generation ohne Migrationseinflüsse eine kulturelle Alternative dar? In ihrer Kommunikation ist sie doch eher durch Beliebigkeit und Austauschbarkeit gekennzeichnet. Anspruchsvolle Gesprächsbeiträge wie zum Beispiel *Irgendwie denke ich mal …* oder *Ich weiß ja auch nicht, aber vielleicht könnte es sein, dass …* sind wenig hilfreich und bringen keine Kuh vom Eis. Aber gut, wenn das die Karrieristen von morgen sind. Wenn das Leben schon bei den Jüngeren in einer derart armseligen Vorstellungswelt stattfindet, dann muss einem in einer eventuellen Lebensphase der Demenz nicht mehr angst und bange sein.

Vielleicht sollte ich selbst auswandern – die Heimat ethnisch von mir säubern. Neuseeland, Kanada wären schön. Bedauerlicherweise zu weit entfernt. Schweiz und Österreich hätten den Vorteil, dass man nicht mehr genötigt wäre, eine neue Sprache zu lernen. Leider zu teuer. Andererseits: Steuern zum Schmunzeln.

In Brasilien gäbe es auch noch deutschsprachige Siedlungen wie Neu–Württemberg im Bundesstaat Rio Grande do Sul und kaffeebraune Damen mit rollenden Glutaugen. Die sind natürlich nur phänomenologisch interessant, denn ohne Violetta bliebe ich hier.

Vor einem Go-away müsste sich die aktuelle finanzielle Situation vor Ort allerdings auch noch in ungeahnter Weise verbessern (Banküberfall, Lotto, Erbschaft), denn in meiner Altersklasse nimmt sich selbst in einem einwanderungsfreundlichen Land wie Kroatien die berufliche Laufbahn als freier Journalist in der Endphase eher bescheiden aus. Aber bleiben wir ruhig bei Kroatien. Die können jeden gebrauchen. Für die Einreise ist schon ein Personalausweis ausreichend. Adriastrände sind vorhanden und in Dubrovnik, Zagreb und Split geht die Post ab. Allerdings – jeden Tag Krautsalat und Ćevapčići – da hört der Spaß auf. Wer isst denn so etwas? Schließlich will man sich nicht jeden Tag den Magen auspumpen lassen.

Ich will mir da nichts vormachen. Auch wenn einem hier vieles stinkt – einen alten Baum sollte man nicht mehr verpflanzen.

Die Politik hilft da generell nicht weiter. Seitdem durch Kohl und Konsorten der Euro zwangseingeführt wurde, sind die Vermögen halbiert worden. Eine hausgemachte Inflation, über die sich die Briten und Dänen nur totlachen können. Da geht es mir heutzutage völlig an der Gesäßpartie vorbei, wenn Lokführer oder permanent unzufriedene Metaller um fünf Prozent Gehaltserhöhung streiken. Bei mir ist die halbe Kohle weg. Verblasen im Eurowahn der politischen Wichtigkeitskasper. So etwas nennt man Erosion von Bürgerrechten.

Als freischaffender Journalist konnte ich in den letzten zwanzig Jahren keine Honorarerhöhung mehr durchdrücken. Rente gibt es auch nicht. Die Lebensversicherung nur die Hälfte wert. Das sind rosige Zukunftsaussichten für das Alter. In der Planung der Zukunft kann man sich wieder auf den Volksmund verlassen: *In Gefahr und großer Not ist der Mittelweg der Tod.* Aber der Weg dahin könnte holprig werden. Was bleibt an Tröstungen? Die Religion? Glauben tun sie in der Kirche und in der Partei, pflegte mein Vater zu sagen. Damit wären wir auch wieder in der Politik.

Aber was leistet die Religion? Bisher ist sie mir noch auf alle meine Fragen eine Antwort schuldig geblieben. Am unverständlichsten ist für mich das Erscheinungsbild der drei monotheistischen oder Himmelsgottreligionen. Wozu um alles in der Welt braucht es einen patriarchalischen allmächtigen Übervater, und wer, bitte schön, hat wiederum diesen erschaffen? Und waren es nicht gerade die monotheistischen Religionen, in deren Namen die schlimmsten Gräueltaten begangen wurden und werden?

Andere Religionen kommen wenigstens ohne diesen Kreationisten aus, dessen gestalterische Leistung seit Darwins biologischen Erkenntnissen mehr als fragwürdig daherkommt. Für die religiösen Scheuklappenträger und Fundamentalisten sind das natürlich Tabus. Aber indem man sie dazu erklärt, werden sie auch nicht glaubwürdiger.

Was die Leute nicht alles machen. Fasten zum Beispiel – eine Gott wohlgefällige Bußübung. Ja glauben die denn, dass der sich davon einlullen ließe, ob ich mir ein Leberwurstbrot mehr oder weniger genehmige? Das alles scheint doch ein wenig kurz gegriffen.

Die Religionen sind keine Gottesbotschaften, sondern menschliche Erfindungen, um das für viele unerträgliche Dasein erträglicher zu gestalten. So weit – so schlecht. Dazu ist es dann auch keineswegs erforderlich, dass menschenfeindliche religiöse Scharfmacher den Leuten ihre staubkornartige Bedeutungslosigkeit vorhalten. Doch dahinter steckt Methode. Es wird die Angst geschürt, die die Menschen in den Glauben treiben soll. Dazu fällt mir Dieter Nuhr ein, der die Dinge mathematisch rüberbringt:

Die Glaubensbereitschaft steigt proportional zum Trottelfaktor. Je größer der Deppenfaktor, desto gigantischer ist das Bescheidwissergefühl.

Dem ist nichts hinzuzufügen.

Das Prinzip des Glaubens beruht auf Nichtwissen. Es erfüllt mithin die Kriterien des Obskurantismus. Dabei ist gegen das Setzen ethischer Prinzipien durch die Religion natürlich nichts einzuwenden. Allerdings besitzen ideologisch bornierte Verdummungshypothesen einen nicht unerheblichen Schmerzfaktor.

Auch die Physik will so gar nicht mitschwimmen im religiösen Fahrwasser. Wenn das physikalisch verifizierte Phänomen des Dopplereffektes die bisher unwiderlegbare Erkenntnis begründet, dass das Weltall sich permanent mit Lichtgeschwindigkeit ausbreitet, muss auch noch einiges hinsichtlich der göttlichen Ratschlüsse und Absichten hinterfragt werden. Würde sich dann nicht auch Gott als geistiger Lenker dabei mit Lichtgeschwindigkeit von uns entfernen? Warum diese Raserei? Weiß er nicht, was er will? Ob man sich dann noch einmal wiedersieht im Jenseits? Na, ich weiß nicht. Wo soll das Ganze denn noch enden? Oder ist das ganze astrale Gelumpe aus der Kontrolle geraten? Es steht zu befürchten, dass der Erkenntnismangel noch ein Weilchen Bestand haben wird. Ich habe jedenfalls meine Zweifel, ob am Ende des Tunnels überhaupt das Licht wieder angeknipst wird. Und der Zeitraffer des irdischen Lebensweges, auf den man sich so lange schon gefreut hatte? Ich weiß – ich bin ein Zuspätromantiker.

Irgendwann wird es Zeit, dass hier mal einer auf die Bremse tritt und versucht, sich die Geschehnisse zu vergegenwärtigen. Weit genug sind die anderen – falls es sie gibt – ja jetzt von uns entfernt. Ohnehin stehe ich jeder Form von Übernatürlichkeit skeptisch gegenüber. Dem Gedanken an Übernatürliches wohnen nach meinem Dafürhalten vorzugsweise kindliche Ängste inne.

Eines allerdings hatte mich das Leben gelehrt: Die Fähigkeit, die unausbleiblichen Nackenschläge zu verarbeiten und wegzustecken – sie erwuchs aus der unverbrüchlichen Absicht, allen Gegenströmungen die Stirn zu bieten. Der bequeme Weg führte irgendwann nicht mehr weiter und endete in einem unpassierbaren Hohlweg. Die Bereitschaft, sich in die Einstellung anderer Menschen einzufühlen, konnte durchaus schadensbegrenzend wirken und ermöglichte überhaupt erst den wilden Aktionismus, alles auf eine andere Entscheidungsebene zu verlagern, das heißt, wider den Stachel zu löcken. Das war eine klare Absage an alle Geisteshaltungen, die Marco Fechner in seiner Sprüchesammlung *Nerv – Deutsch/ Deutsch – Nerv* unter dem Oberbegriff *Warmduscher* rubrifiziert hat und von dem ich hier einige meiner Favoriten präsentiere: *Frauennamenannehmer*, *Heilwassertrinker*, *Horoskopleser*, *Im-Bett-Sockenträger*, *In-Fahrtrichtung-Sitzer*, *Nach-drei-Bier-Kotzer*, *Rechtschreibreformbefürworter*, *Schule-Vornsitzer*, *Sitzpinkler*, *Sonntag-bei-Mami-Mittagesser*, *Strandliegenreservierer* und *Wie-war-ichNachfrager*.

Gern hätte ich auch noch den auf ein freundliches Gesicht verzichtenden *A-tergo-Kopulator* eingefügt, aber man will sich ja nicht selbst an den Pranger stellen. Mitnichten.

Dennoch: Auch auf diesen Holzwegen sind einige ans Ziel gekommen. Man verneigt sich in Ehrfurcht. Irgendwann kommt ja dann tatsächlich die Zeit, wo es auf allen Ebenen heißt: Kürzer treten. Abmarsch in den Zwangs- oder selbst verordneten Ruhestand.

Die dann verbleibende Zeit möchte ich literarisch nutzen für ein epochales Werk der Menschheitsgeschichte. Ich träume jetzt schon von den gigantischen Vorschüssen internationaler Verlagshäuser, da dieses Thema so brennend aktuell ist, dass es in alle Weltsprachen übersetzt werden muss. Nach meinen bislang durchgeführten Recherchen in der Hirnforschung, den Auswertungen von Nahtoderlebnissen und den Versprechungen der Religionen läuft alles auf den Titel hinaus: *Mein Leben nach dem Tode*.

Ich möchte nicht zu viel versprechen, aber eines doch: Es schwebt mir vor, eine Glitzerwelt auszubreiten, die es in sich hat. Wenn alles so passt, wie ich es mir derzeit vorstelle, könnte dem Buch allerdings auch eine traurige Zukunft auf dem Index der Weltethik-Kommission beschieden sein, da die Selbstmordrate explosionsartig ansteigen würde und der Erdball auch ohne Ölverknappung, Seuchen, Tsunamis und Atom-GAUs entvölkert wird. Na gut, das überleg ich mir noch.

Noch ist es Zeit, die Frage nach einem erfüllten Leben zu stellen. Für den einen oder anderen lautet die Frage aber auch: Gibt es ein Leben vor dem Tode? Ich selbst muss da in mich gehen, wenn ich überschlägig meinen Nachholbedarf ermitteln will oder mich der Erkenntnis stellen muss, dass ich in einer Art pseudoindividueller Beliebigkeit blindwütig an den Fleischtöpfen und Krisenherden des Lebens vorbeigestürmt bin. Ich weiß eigentlich gar nicht so genau, was Erfüllung überhaupt bedeutet. Erfüllung hat wahrscheinlich irgendetwas mit dem Glück zu tun. Aber ist der Mensch überhaupt für das Glück geschaffen?

Ein Orgasmus kommt dem Glück oder dem Glücksgefühl zweifellos sehr nahe. Aber man kann nicht pausenlos Orgasmen haben. Das hätte dann auch nur noch den Überraschungsfaktor einer Sanduhr. Auch Kinder und die Alten wären dann vom Glück verlassen. Dabei hat Glück doch jeder verdient.

Der Zugewinn an Glück durch Vermögensanhäufung sollte nicht grundlos unterschätzt werden. Das Gegenteil macht jedenfalls unglücklich. Fragen Sie mal einen ALG-II-Empfänger.

Nach einer britischen Studie sollen die Menschen des südpazifischen Inselstaates Vanuatu (früher Neue Hebriden) am glücklichsten sein. Das drückt sich schon in der Nationalhymne aus: *Yumi, yumi, yumi*. Nur Humorresistente werden da nicht vor Lachen umgehauen. Die Erklärung für das gehäufte Glück ergibt sich auch aus der Alterspyramide: Dreiunddreißig Prozent sind bis vierzehn Jahre alt. Von fünfzehn bis vierundsechzig Jahre sind es vierundsechzig Prozent. Nur drei Prozent sind älter. Daraus folgt: Glück im Alter kann man sich abschminken.

Ganz abschminken können sich dies auch die Einwohner von Simbabwe, Burundi, Kongo und Russland. Die belegen in der Studie die letzten Plätze auf der Glücksskala.

Aus neurobiologischer Sicht ist das Glücksgefühl natürlich nur eine Sache der Botenstoffe Dopamin und Serotonin. Leider kann man sie mit der Nahrung nicht pfundweise aufnehmen, obwohl für Schokolade ja ein derartiger Unsinn behauptet wird. Drogen können da weiterhelfen. Nach einigen Stunden ist aber auch da der Zauber vorbei und der Mensch ein Wrack.

Dabei könnte es so einfach sein: Im Gras einer sommerlichen Wiese vor dem heraufdämmernden Abend versinken, den Duft von frischer Gülle von den Feldern durch die Hirnventrikel wehen lassen, den Geschmack von Torf und Moor auf den Zungenpapillen und das Auge gebannt vom Sternhaufen der Plejaden. Jetzt loslassen und eintreten in eine neue Dimension. Wenn es so einfach wäre ... Leider sind die schönen Dinge nicht Gegenstand der Lebensbewältigung. Irgendwie alles dumm gelaufen.

Unser Heimatdichter Schopenhauer hielt es ohnehin für einen fundamentalen Irrtum zu glauben, dass wir da sind, um glücklich zu sein. Schmerz und Langeweile wurden von ihm als die größten Feinde des Glücks apostrophiert. Gegen Langeweile setzte er auf geistigen Reichtum. Vielleicht sollten wir mehr fernsehen oder im Internet surfen. Da bin ich gut dran, da ich beim Fernsehen vor Langeweile ohnehin ins Wachkoma sinke. Egal wie – mein Glück sind Violetta und Mariella. Und ich bin glücklich, dass es irgendwie weitergeht.

Aber eine Frage bleibt: Ist mein Leben ein Vorzeigeleben?

21

Ein Tag im November. Draußen trieb der Wind Nebelschwaden vor sich her. Lose Haufen von Blättern wurden durcheinandergewirbelt, bis sich das Blattgold des Herbstes in Häusernischen wieder setzte und sammelte. Drinnen war es anheimelnder.

Ich lag nackt punktgenau da, wo es bei Frauen am schönsten ist. Für mich jedenfalls.

»Ich liebe dich«, flüsterte mir Violetta ins Ohr.

»Ich dich auch«, gab ich pflichtgemäß zurück.

Ich wusste, dass ich in Sachen romantischer Liebeserklärung ein richtiger Drecksack war. *Wes Herzen voll ist, dem geht der Mund über* sungen uns die Altvorderen. Aber ich hatte wohl auf meinem irdischen Wanderweg schon zu viele Schmetterlinge herausgelassen. Erfreulich war immerhin, dass der Wunsch nach derartigen Begegnungen noch vorhanden war. Ein Verzicht darauf hätte mit Sicherheit auch einen Vitalitätsverlust zur Folge gehabt. Ein Hinwarten auf den allmählichen Verfall wäre die Konsequenz. Wenn nichts mehr passierte im Leben, konnte man es auch abhaken.

Unter diesem Gesichtspunkt erachtete ich es als einen unerhörten Zynismus, wenn im Glossar des Ärztehasserbuches von Werner Bartens davon gesprochen wurde, dass der einzige Reiz, den ältere Männer hätten, der Hustenreiz sei. Da kam bei mir dann doch wieder eine fast neurotische Verletzlichkeit zur Geltung.

Ich konnte es drehen und wenden, wie ich wollte: Die unausweichliche Überschreitung des eigenen Verfallsdatums nahm mehr als visionäre Züge an. Die Zeit für weitere Lebensplanungen war weitgehend abgelaufen. Doch noch fühlte ich mich nicht imstande, von Altersstarrsinn erfasst von meinen karrierebedingten Beutegütern abzulassen. Dabei hatte man doch alles schon hinter sich:

Hinaus in die Welt, sich stellen, den Misserfolg als Chance verstehen, den Irrsinn als Weg. Ausbeuten und sich ausbeuten lassen, lieben, verlieren, loslassen müssen und vergessen. Sich in die Fresse schlagen lassen und wieder aufstehen. In der Spur gehalten von den Wechselfällen des Lebens. Zum Teufel mit den Versäumnisempfindungen. Zu übler Letzt ist man hier angekommen. Stigmatisiert als integraler Bestandteil der Altenplage und freut sich auf den Treppenlift.

Ich habe mein Leben so geführt, als schliefe der Tod und schrecke jetzt nicht davor zurück, eine Aura des Einmaligen für mich in Anspruch zu nehmen. Ein Anspruch, dem ich möglicherweise Lichtjahre hinterherhinke – aber die Entscheidung darüber wird ohnehin nicht durch mich gefällt.

Also was tun? Die Hände in den Schoß legen, in die Sonne blinzeln und sich von Ahnungen einer ganz anderen Aura, der eines unerreichbaren fernen Gegenlichtes blenden lassen? Die Bereitschaft, einzutreten in die Stille und ihre verschlossenen Räume. Die finale Häutung, während sich die Zeit verliert in ihrer Unbestimmbarkeit.

Noch war ich zu aufgewühlt von den mich umgebenden Herausforderungen. Ich musste lernen, die Staubwolken in mir sedimentieren zu lassen, um einen unverstellten Blick auf den Rest des vor mir liegenden Weges zu richten. Dann wäre nur noch der DNA-Code der Schöpfung zu knacken und es ginge gnadenlos aufwärts.

Violetta war offensichtlich bemüht, noch mehr Erlebnisreichtum in unsere Zweisamkeit einfließen zu lassen. Sie blätterte im Katalog von Reiseunternehmen.

»Was hältst du von einer Kreuzfahrt?«, fragte sie mich.

Ich gab mich verstockt.

»Kreuzfahrt: Geriatriegenuss auf hoher See. Nein danke. Frag mich das in zehn Jahren mal wieder.«

Eine Kreuzfahrt mit dem Traumschiff. Wenn die Abendsonne das Meer in flüssiges Gold taucht – ein Versprechen friedlichen Glücks. Das wäre der Gipfel der Verstörung.

Auch andere Vorschläge, der Unwirtlichkeit des Novembers zu entfliehen, verfingen bei mir nicht.

»Zieh dich warm an und lass uns den Geheimnissen dieser Jahreszeit etwas näher kommen«, schlug ich vor.

Violetta und ich fuhren hinaus in die Niederungen des Umlandes. Dort stellten wir das Auto ab und begannen eine Wanderung durch die vernebelte Landschaft. Der Nebel erzeugte eine besondere Art von Stille und verschluckte die Konturen des Flusses, der Gräben und Weiden, von denen das Vieh bereits abgetrieben war. Das gering durchschimmernde Dämmerlicht rief ein Grau in vielen Schattierungen hervor. In großer Eile zogen Wolkenformationen vorüber. Wir spürten und hörten die Natur, die uns die Vergängnis bewusst machte.

Es war Herbst. Für mich war es auch der Herbst des Lebens.

Die Schreie von Vögeln mischten sich in die Stille. Ich wusste nicht, ob es Wildgänse waren. Langsam verklangen die Schreie, bis die Stille wiederkehrte. Violetta zupfte mich am Arm.

»Wie spät ist es jetzt?«

Ich strich ihr über das Haar und schüttelte den Kopf.

»Ich weiß es nicht. Ich brauche den Puls der Uhr nicht mehr. Von jetzt an habe ich für dich Zeit.«

Literaturhinweise

Dieter Hildebrandt, Vater unser – gleich nach der Werbung. München 2008
Thomas Städtler, Lexikon der Psychologie. Stuttgart 2003
Milan Kundera, Die unerträgliche Leichtigkeit des Seins. Frankfurt am Main 1987
Dieter Nuhr, Wer's glaubt, wird selig. Reinbek 2007
Marco Fechner, Nerv – Deutsch/Deutsch – Nerv. München 2007
Werner Bartens, Das Ärztehasserbuch. München 2007